·未来学校创新计划系列丛书·

未来教师的大概念教学设计

丛书主编 王 素
丛书副主编 袁 野 李 佳
章 巍 于海宁 王星懿 李 聪 范冬晶 著

助你成为单元教学的高手

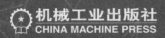
机械工业出版社
CHINA MACHINE PRESS

大概念教学是当前落实核心素养学习的重要途径，这是一本在大概念引领下，教师进行单元教学的操作手册，可供面向未来的教师开展大概念教学设计使用。本书共五章内容，在系统介绍大概念的内涵、特征、由来以及进行大概念教学意义的基础上，重点阐述了提炼学科大概念的各种常用方法、大概念单元教学设计的基本流程以及各环节的操作方法、策略与注意事项，其中包含了丰富的各学科、各学段的真实案例，为教师的教学实践提供了切实有效的帮助和支撑。

　　扫描封面上的二维码，就可观看更为详细的解读，方便教师更好地使用本书。

图书在版编目（CIP）数据

未来教师的大概念教学设计/章巍等著. —北京：机械工业出版社，2022.3（2024.4重印）
（未来学校创新计划系列丛书/王素主编）
ISBN 978-7-111-70345-7

Ⅰ.①未… Ⅱ.①章… Ⅲ.①中小学—教学设计 Ⅳ.①G632.0

中国版本图书馆CIP数据核字（2022）第042983号

机械工业出版社（北京市百万庄大街22号　邮政编码100037）
策划编辑：熊　铭　　　　责任编辑：熊　铭　高　晶　高亚威
责任校对：史静怡　刘雅娜　责任印制：任维东
天津市光明印务有限公司
2024年4月第1版第4次印刷
184mm×260mm・10印张・199千字
标准书号：ISBN 978-7-111-70345-7
定价：35.00元

电话服务　　　　　　　网络服务
客服电话：010-88361066　机 工 官 网：www.cmpbook.com
　　　　　010-88379833　机 工 官 博：weibo.com/cmp1952
　　　　　010-68326294　金 书 网：www.golden-book.com
封底无防伪标均为盗版　机工教育服务网：www.cmpedu.com

Preface 序一

2018年,中共中央、国务院《关于全面深化新时代教师队伍建设改革的意见》指出:"到2035年,教师综合素质、专业化水平和创新能力大幅度提升,培养造就数以百万计的骨干教师、数以十万计的卓越教师、数以万计的教育家型教师。"2021年,我们的团队发布了一份《卓越教师教学能力标准》,标准从学习设计、教学实施、评价与改进3个典型教学场景出发,定义了3项一级教学能力、14项二级教学能力维度,每一项能力维度又定义了若干观测点,明确描述了培养核心素养的教师在每项能力维度上需要做到什么。我认为"能够胜任核心素养教育的教师"就是新时代名副其实的卓越教师。

事实上,2014年,《教育部关于全面深化课程改革落实立德树人根本任务的意见》提出:把核心素养和学业质量要求落实到各学科教学。随后,无论是已经印发、正在实施的普通高中语文等学科课程标准,还是刚刚印发、即将实施的义务教育语文等学科课程标准,都明确要求指向学生发展核心素养。我国基础教育课程改革进入核心素养时代!

如何让胜任核心素养教育的一大批卓越教师不断涌现?如何让学生发展核心素养教育落地?如何让数以亿计的少年儿童健康成长、担负起民族伟大复兴的大任?面对百年未有之大变局的今日中国,这个话题比任何时候都更加重要。

这几年我有幸了解并关注到本书作者章巍团队所做的工作,这几天他们的书稿《未来教师的大概念教学设计》也成了我的案头书。我惊喜地发现,这本书的作者团队正在展现出一个卓越教师团队应有的探索与风貌,他们过去4年所做的工作恰好是《卓越教师教学能力标准》的最佳实践案例。

10年前,应第十二届国际数学教育大会(ICME12)主席的邀请,我们计划组织一批能够体现我国课程改革最佳实践的优秀数学教育工作者,集体出席2012年7月在韩国首尔市召开的那场数学教育国际盛会,向国际数学教育同行展示中国数学教育改革取得的成就。

首都师范大学刘晓玫教授向我们推荐了当时还在河北工作的优秀青年教师，也就是本书作者章巍老师。章老师专程到北京数学教育讨论班（1995年成立，以下简称"讨论班"）向我们（我记得包括孙晓天教授、张景斌教授、綦春霞教授、张丹教授等，以及张秋爽等一线教师代表和在京数学课程教学论方向的几十位博士生、硕士生）介绍了自己所做的工作；他的介绍无论是教学案例还是研究与反思都让我眼前一亮，在"应试教育"盛行的大环境下，章老师深切关注学生、关注数学本质、注重实证研究，非常难得。随后在筹办首届华人数学教育大会中，章巍老师作为优秀青年数学教育工作者杰出代表参与组织了"青年教育工作者论坛"。

最近几年，关于大概念、单元设计、任务驱动、项目化学习的研讨会不断，学术论文层出不穷，但我总觉得炒作新名词远远大于实质性探索。然而在我们每月1次的"讨论班"上，有2次围绕"大概念的单元教学设计"主题，分别由章老师和他的团队成员报告，我发现诸如素养目标、大概念、核心问题、核心任务、单元设计、子任务、脚手架、量规与多元评价等一系列关键词，在他们团队近4年夜以继日的学习消化、创新实践和反复打磨下，已经建构成了指向核心素养学习与教学的有机统一体。章巍认为"过去二十年，我们的教育把人变得更像机器；而未来二十年，技术将把机器变得更像人"，这个团队如此优秀，正是因为他们有历史的责任感和紧迫感。

这本书在版权页上写道，"这是一本在大概念引领下，教师进行单元教学的操作手册"。一开始我有点不解，看了目录、读了内文我知道了作者的用心和追求。本书共五章，分别是"何谓大概念""何来大概念教学""为何是大概念""怎样提炼大概念""如何实施大概念教学"，一气呵成，逻辑清晰明了，这篇章布局本身就是一个很好的"脚手架"。如果你对大概念的历史感兴趣，第二章"何来大概念教学"，从萌芽、发展、成熟、应用四个阶段介绍了国外大概念教学的发展脉络；同时，作者又分别从引入大概念、大概念写入课程标准、围绕大概念的讨论与实践，介绍了大概念及其教学在我国的演进。如果读者是一线实践工作者，可能首先遭遇到的问题是：国家课程标准中并没有给出具体都有哪些大概念，怎么办？确实，章巍团队同样面临这样的困扰，难能可贵的是他们摒弃了"等靠要"的思想，放弃了"专家提出、教师实践"各司其职的模式，主动自觉地充当起主导者角色，他们就是专家！因此有了本书第四章"怎样提炼大概念"，如何利用"现成的"大概念，如何创生"全新的"大概念，如何架构"关联的"大概念。实际上，你仔细阅读本书会发现，恰如作者所言，"因为一线教师更加接近教学、接近学生，其在提炼大概念的过程中自然而然地会考量教学实践与学生情况，因此一线教师提炼的大概念通常适切性、可操作性更强"。最后一章"如何实施大概念教学"一定也是读者们所关注的话题，书中会让你找到大量有说服力的、建设性工具与实施策略。

这是一个实践工作者团队的专业之旅，这是一个卓越教师团队的成长之旅。在这样的旅程中"最大的受益者无疑是孩子们，他们在……这样的过程中，埋下了'智慧的种子'，这些'种子'一定会在他们今后人生的某个时期萌发，并迸发出支撑他们一生幸福生活的力量"；在这样的旅程中，每一位教师同样收获巨大，"从研究学科知识到探寻学科本质，从关注解题技能到关注核心素养……每个人的教学观、学科观和学生观都发生了深刻的变化——大家开始像专家一样认识学科、看待教育"！在这样充满希望的旅程中，汗水与收获相依相伴。

长期的观察和大量的实证数据表明，我国基础教育总体上还处在以知识学习、技能习得和题型训练为主导、以获取标准答案和高分数为主要目标的初级阶段。在这样一个阶段，单一的分数竞争必然导致"学业过剩"，学生最起码的身心健康都难以保障，更枉谈发展核心素养。也因此，章老师团队的探索才更显得弥足珍贵，通过大概念教学设计，努力摆脱充斥各学科的大量繁杂冗余的知识学习与技能训练，更有可能接近指向核心素养的教育。

当然，正如书中所述，"大概念具有不同的层次"，我们还可以进一步探讨怎样从学科内的大概念走向学科之外。因为从本质上讲，大概念终将是超越学科的。大概念可以从学科中经过自下而上逐步提炼生成，但是能够留存更久、走得更远的，一定是更具统摄作用、能够跨越学科、实现迁移的那些历久弥新的核心概念。超越学科的大概念一定能够引导师生回归日常生活、关注社会实践、触摸正在变化中的现实世界，让好奇心和求知欲成为驱动学习与发展的主要动力。唯有如此，作为未来公民必备的"关键少数"核心素养，比如文化理解与传承、审辨思维、沟通与合作、创新素养，才不会由于他们缺少传统的"学科载体"而得不到应有的重视和有效落实；党中央确立的教育方针，立德树人的根本要求，家国情怀、社会责任、创新精神、实践能力才能真正落实。

如果你是在职教师，相信这本书可以启发你如何改进教学实践实现专业发展；如果你是教师教育工作者，相信这本书可以助力更新高等师范院校教师发展课程，惠及在校师范生。我希望有更多的教育管理者翻阅这本书，书中的脉络可以帮助你指导区域课程实施和教师专业发展规划。

  我们有理由相信并期待，像这本书的作者团队一样，当指向核心素养的教育在我们的出版物中不再是写出来的而是实际做出来的时候，中华民族伟大复兴一定能够实现。

刘 坚

北京师范大学教授、博士生导师

中国教育创新研究院院长

《基础教育课程》杂志社社长兼主编

Preface 序二

　　章巍和他的小伙伴们终于要出书了！当他将《未来教师的大概念教学设计》的校订稿递给我，希望我能为这本书写序时，我既自豪于他学术与实践的精进，又自愧于自己"咖位"不够。我问他，能否让教育界影响力更大的人物写序？他很认真地回答我："没有比您更合适的啦！"风雨同舟七载，齐心协力办学，在相互引领中共同成长，从这段弥足珍贵的共同经历来看，我来写序，也确实合适。

　　认识章巍，还要追溯到 2012 年 10 月。

　　当时李希贵校长安排我负责筹办一所待建的分校。但凡不外出，我就会在北京市十一学校偌大的校园里到处逛，遇会蹭会，遇课听课，希望在出去办学之前能够多学一点。2012 年 10 月的某一天，偶然逛到了章巍的课堂上。得知他是正在引进的数学名师，出于对"新人"的好奇，我坐了下来。乍一看，瘦而精神的一个人，有点小帅，衣品也属于男同志中少有的考究，举手投足有些儒雅范儿。他的肩部习惯性前倾，面部表情配合着授课语言，随着眼神的扫描尽可能影响到每一名学生，以至于三十岁出头就拥有了几道明显的抬头纹。一开口讲课，彻底惊艳到我，逻辑清晰，语言精练，句句指向学科本质，可以用"一个废词都没有"来概括。他会借助有力的手势与坚定的眼神，帮助学生快速而又准确地获得其所传达的信息，进而引发活跃的思维互动。整堂课，学生一直处于热烈的心流状态，我毫不怀疑地判定，这位老师深受学生崇拜！求才若渴的我，心里一个劲嘀咕：他要能加入我们分校团队就好了！没想到，"一语成谶"，一个月后，学校人力资源部竟然通知我，学校决定让章巍协助我一起筹办分校。特别感动于希贵校长的慷慨，于总校而言，舍出来一位业务精湛的学科名师；于我而言，则得到了一位风雨同舟的事业合伙人。

　　2014 年早春，章巍毫不犹豫地随同我来到刚刚由两校合并而成的一分校，以副校长的身份兼任课程院院长，在实现薄弱校转型的艰难磨砺中，坚定地走过七年寒暑，将自己的全部教育智慧投入到学校的每一寸改变、每一分成长中。

　　章巍思维理性，逻辑性强，与我想象力驰骋、感性爽直的个性形成恰当的互补。每当我天马行空、情感充沛地向他阐述关于教育的最新思考以及下一步的筹划时，他总是静静地听，偶尔追问一句或者点一下头，我知道他的大脑正在快速地捕捉、提取关键信息，进而利用一两天时间完成"是什么、为什么、怎么做"的逻辑编码，与我进一步确认后会立刻投入落实阶段。实话实说，章巍绝对是出类拔萃的课程实践专家，我经常赞他"干活漂亮"，即有可信服的理论支撑，又有可操作的实践逻辑，有可评估的成效结果。而能做到如此的漂亮，则归功于他非比寻常的课程领导力，始终站在"让学习发生，让素养落地"的视角，与各个学科教师充分沟通、寻求共识，调动群体智慧合力推进。不论学校"低段综合、高段选择"的课程体系的架构，还是"大概念统领下的单元教学"的整体实践，章巍作为课程变革的开路先锋，其"理性筹划、高效践行"的个人素养发挥了至关重要的作用。

章巍酷爱读书，速度之快、涉猎之广令人叹服，导致周遭同事往往以"不屑与之争锋"的揶揄来掩饰"岂敢与之比肩"的自惭。但如果因此把他看成一介书生则谬之千里。首先，他读书多、学问大，却从不"纸上谈兵"。作为从课堂里走出的课程专家，他始终基于育人实践的问题与挑战，以商榷探讨的口吻实现对教师学术上的引领。如此谦逊务实，不但教师们喜欢与他进行教育教学的探讨，我遇到一些困顿的理论与实践问题也会第一时间向他请教。在本序言的开头中，我以"在相互引领中共同成长"来概括与章巍的搭档，是有充足的事实依据的。其次，他认准的事情，绝对会温和而坚定地做下去。课程变革时至今日走过七年，面对耗时耗力又一时难以在成绩提升上彰显成效的跨学科课程，面对大概念统领下的单元教学的一系列学术挑战，个别教师也曾质疑过，甚至希望停止这样的探索。章巍选择坚定地捍卫课程育人的立场，带领课程院全体成员走进各个年级和各个学科，一方面通过沟通了解教师的困难与需求，一方面发现好做法、推动群分享，帮助教师树立信心、坚定信念。章巍作为学校变革转型中不可或缺的中坚力量，能够始终克己做到"不傲才以骄人，不以宠而作威"，就那样儒雅地存在，说话时侃侃而谈，字字珠玑；倾听时冷静耐心，回应有节。这一点，令我欣慰且欣赏。

这本《未来教师的大概念教学设计》，是章巍与我校全体教师三年来深耕课堂教学变革的智慧结晶，该书的另外几位作者——于海宁、王星懿、李聪和范冬晶也都是在各自学科领域优秀的专家型教师代表。这本书不仅从理论层面清晰阐述了学生核心素养培育的可能性问题，关键是从实践层面系统回答了学生核心素养培育的操作性问题，找到了行之有效的实践路径，即大概念引领下的单元教学整体实践。正如章巍所言，这本书基于实践诞生，让每一位亲历者的教学观、学科观和学生观都发生了深刻的变化，从研究学科知识到探寻学科本质，从关注解题技能到关注核心素养，教师们开始像专家一样认识学科、看待教育！这场实践最大的受益者无疑是孩子们，但相信我们每一位参与其中的教师，也都不同程度地获得了专业水准的提升和职业价值的升华。

祝贺章巍新书出版，也衷心祝愿章巍在育人实践的道路上能够不断突破创新，收获更加富有意义的教育人生。

刘艳萍
北京市十一学校一分校党总支书记、校长
北京十一学校中堂实验学校校长

Foreword 前言

为未来而教

过去20年，我们的教育在一定程度上把人变得更像机器；未来20年，技术将把机器变得更像人。

谁都不能否认，当今社会与时代的飞速发展给教育带来了前所未有的挑战。面对瞬息万变的世界，知识正以惊人的速度更新迭代，孩子们现在在学校里所学的知识可能在走出校门的那一刻就已经被淘汰了。因此，盲目地习得大量知识不仅不会使他们具备应有的能力，反而会徒增他们的认知负担，减弱他们对未来的适应性。

那么我们不禁自问：学校教育究竟该给孩子们什么？

90多年前，英国哲学家与数学家怀特海曾说过："虽然智力教育的一个主要目的是传授知识，但是智力教育还有另一个要素，模糊却伟大，而且更重要——古人称之为'智慧'……你轻而易举地获取了知识，但未必习得智慧。"[一]

这是因为，知识属于社会，但智慧却属于个人；知识可以依靠他人传授，但智慧却只能自我生长。

今天，我们把怀特海所说的这种智慧更为清晰地表达成一个词——素养。

2016年，《中国学生发展核心素养》的发布标志着我国教育正式步入"素养"时代。作为课程、教学和评价概念的综合，核心素养表达了一个完整的育人目标体系。我们也由此达成共识——学校教育只有指向核心素养的提升，才能真正培养出具有学习力的未来公民。

《普通高中课程方案（2017年版2020年修订）》明确指出，要进一步精选学科内容，重视以学科大概念为核心，使课程内容结构化，以主题为引领，使课程内容情境化，促进核心素养的落实。

这为未来而教指明了路径，这条路径就是"大概念引领下的单元教学"。

[一] 怀特海.教育的目的[M].庄莲平，王立中，译.上海：文汇出版社，2012.

众所周知，传统的课堂教学，教与学都以课时作为基本单位，注重的是"一课一得"。但核心素养的形成不同于具体知识的掌握，它并非以记忆为标志，而是在不断经历、感受和体验之后内化在人的意识中，并在他们今后的思维与行为中逐渐显现出来。如果课堂被所谓的课时碎片化地人为割裂，则会使学生缺失对所学学科的宏观认识，也就很难达到育人目标。因此，"单元教学"便成了落实核心素养的必然选择。

然而，"单元教学"不能仅仅是外在形式上的统整，更重要的是，要透过单元学习内容使孩子领悟到超越知识的观点与态度——这个使命非"大概念"莫属。大概念是学科知识通向核心素养的阶梯，也是核心素养嵌入具体内容的固定锚点。它既扮演着知识组织者的角色，又扮演着素养传播者的角色。它是游走在知识与素养之间的使者，也是单元教学的"魂"。

因此，只有由大概念引领的单元教学，才能真正做到"形神兼备"，架起通往核心素养的桥梁！

实践证明，"大概念引领下的单元教学"是一条落实核心素养的可行路径。在一个个学科单元的持续作用下，众多体现学科本质的大概念不断汇聚起来，并逐步内化到孩子的心里，核心素养就会在这样的"心灵之土"中生根发芽，不断成长。这样，我们的孩子才能在今天的学校里获得面向未来的力量！

Contents 目 录

序一

序二

前言

第一章 何谓大概念 1

第一节 我们是如何学习的 1
1.1.1 从心理学的视角认识学习 2
1.1.2 从生理学的视角认识学习 5
1.1.3 促进我们的学习 9

第二节 大概念是什么 11
1.2.1 什么是概念 11
1.2.2 什么是大概念 12

第三节 多大算大 17
1.3.1 基本知能层面的大概念 18
1.3.2 学科观点层面的大概念 19
1.3.3 跨学科观点层面的大概念 20
1.3.4 哲学观点层面的大概念 21

第四节 大概念的特征 23
1.4.1 大概念不是什么 23
1.4.2 大概念应该是什么 26
1.4.3 大概念的主要特征 29

第二章　何来大概念教学 31

第一节　国外的大概念教学概览 31
2.1.1　萌芽阶段 31
2.1.2　发展阶段 32
2.1.3　成熟阶段 32
2.1.4　应用阶段 36

第二节　我国的大概念教学演进 42
2.2.1　引入阶段 42
2.2.2　写入课程标准 44
2.2.3　讨论与实践阶段 44

第三章　为何是大概念 49

第一节　教育的目的与困境 49
3.1.1　我们为什么要接受教育 49
3.1.2　问题出在哪里 51

第二节　核心素养——教育的突围与困难 53
3.2.1　核心素养和学科课程要培养的核心素养的提出及内涵 53
3.2.2　落实核心素养的困难 55

第三节　大概念——架起知识通达素养之桥 57
3.3.1　知识的类型 57
3.3.2　大概念架起连接核心素养与学习内容的桥梁 60

第四章　怎样提炼大概念 64

第一节　利用"现成的"大概念 64
4.1.1　"现成的"大概念在哪里 64
4.1.2　如何利用"现成的"大概念 66

第二节　创生"全新的"大概念 68
4.2.1　"自上而下"与"自下而上" 68
4.2.2　如何"自上而下"地创生"全新的"大概念 69

4.2.3　如何"自下而上"地创生"全新的"大概念 ……………………71
　　4.2.4　如何理解"自上而下"与"自下而上"的关系 ………………74
第三节　架构"关联的"大概念 ………………………………………………75
　　4.3.1　大概念的"关联方式"有哪些 …………………………………75
　　4.3.2　如何架构"关联的"大概念 ……………………………………78

第五章　如何实施大概念教学 …………………………………………87

第一节　大概念与单元教学 ……………………………………………………87
　　5.1.1　什么是基于大概念的单元教学 …………………………………88
　　5.1.2　基于大概念的单元教学设计流程 ………………………………89
第二节　素养导向的目标设计 …………………………………………………90
　　5.2.1　设立单元目标要考虑什么 ………………………………………90
　　5.2.2　目标的层级 ………………………………………………………92
　　5.2.3　目标的表述 ………………………………………………………95
　　5.2.4　目标设计的常见问题 ……………………………………………96
第三节　指向概念理解的核心问题 ……………………………………………99
　　5.3.1　什么是核心问题 …………………………………………………99
　　5.3.2　核心问题的特点 ………………………………………………100
　　5.3.3　核心问题的设计过程 …………………………………………102
　　5.3.4　核心问题设计的常见问题 ……………………………………103
第四节　自带动力的核心任务 ………………………………………………104
　　5.4.1　什么是核心任务 ………………………………………………105
　　5.4.2　为什么要运用核心任务 ………………………………………105
　　5.4.3　核心任务的特点 ………………………………………………105
　　5.4.4　如何设计核心任务 ……………………………………………108
　　5.4.5　核心任务设计的常见问题 ……………………………………109
第五节　提供脚手架——子任务与资源工具 ………………………………110
　　5.5.1　设计子任务 ……………………………………………………110
　　5.5.2　提供资源工具 …………………………………………………113
第六节　促进目标实现的评价设计 …………………………………………116

5.6.1　核心问题记录单 117
　　5.6.2　核心任务的量规 119
　　5.6.3　多元评价体系的建立 123

附录 124

附录一　单元设计训练 124
《美国的移民》单元设计训练 124

附录二　单元设计案例 134
《整式的加减》单元教学设计 134
《万物有灵》单元教学设计 139
《维护国家利益》单元教学设计 141

后记 145

CHAPTER 01

第一章　何谓大概念

> "大概念"诞生于学习者对深入理解的探索,因此我们首先要了解人类是如何学习的。"学习"一词我们并不陌生,但究竟什么是学习,不同的人却有着不同的理解。迄今为止一些重要的学习理论会为我们探寻大概念的本源奠定基础。
>
> "大概念"并非学科中的一般知识性概念,而是兼具**统摄性**和**专业性**的观点,具有一些**显著的特征**,同时有着不同的**层级**。正确理解"大概念"的内涵,有助于我们开展"大概念"引领下的教学活动。

第一节　我们是如何学习的

所谓学习,一般是指人们在生活过程中,通过获得经验而产生的行为或行为潜能的相对持久的变化。具体来说,就是**通过阅读、听讲、研究、观察、理解、探索、实践等手段获得知识或技能的过程**,是一种使个体可以得到**知识与技能、方法与过程、情感与价值的改善和升华的持续变化的行为方式**。人从出生到死亡,学习从未间断,从牙牙学语开始逐渐通过学习了解这个世界。学习作为一种获取知识和交流情感的方式,一直在每个人身上自觉或不自觉地发生着,它已经成为人们日常生活中不可缺少的一部分。

在人类文明的发展过程中,人类一直想弄清楚我们是如何学习的,并为此进行了许多探索,获得了大量有价值的成果。在进行大概念的相关阐述之前,非常有必要回顾一下人们在学习上的认知过程。通过对学习本质的追根溯源,我们也将更加理解大概念在教育中的意义和价值。

在不同的历史时期,基于心理学和生理学的认知发展,人们关于"人是如何学习的"这个问题,在不同的历史时期,逐渐形成了不同的认识流派。

1.1.1 从心理学的视角认识学习

在人类早期的认识中,学习首先被理解为一种心理活动。人们也一直把学习主要作为一种心理现象来研究。

早在 17 世纪,勒内·笛卡尔(Rene Descartes,法国哲学家与数学家)就通过他的著名观点"我思故我在"旗帜鲜明地将心智作为人类经验的中心。这一理论一经提出就在当时迅速占据了统治地位。[○]

100 多年前,威廉·詹姆斯(William James,美国哲学家与心理学家)曾说:"教育是艺术,心理学是科学"。但如今,教育心理学与学习心理学早已成为心理学的重要分支科学。

1 经验主义

经验主义最早可以追溯到约翰·洛克(John Locke,英国哲学家与医生)。1690 年,这位英国思想家在他的著作《人类理解论》一书中,提出了一个对于那个时代而言具有革新性的观点,即**我们头脑中的图景、思想是我们的各种经验延伸出的根蘖**。与盲目相信先天理性的理性主义者的观点不同,他认为我们的大脑是一块白板。

1775 年,埃蒂耶那·博诺·德·孔狄亚克(Etienne Bonnot de Condillac,法语作家与哲学家)把这一理念引入到教育领域。他在《基础课程》一书中提出:**观察是一切教学的基础**。

这一概念很快被当时大多数教育学家所采纳。在此基础上,人们**把学习描述为一种简单机械的记录过程**。这个过程通过一个随时准备获取知识并时刻保持专注的大脑来进行,学习行为被简化为把信息由发出者传入到接收者大脑的线性关系。人们理想地认为,只要信息由发出者通过某种形式进行了传输,接收者就会顺从地对信息进行记忆。在这种理解模式下,教师的职责变成了尽可能清晰地、循序渐进地为学生讲述知识。人们认为只要教师对所学知识进行了合理安排并结合一些恰当的例子进行解释说明,这些知识就会自动复刻在学生的头脑中。[○]

不难看出,这种经验主义的学习理念在有些学习过程中可能会很有效,但仔细分析,却也有诸多局限。

首先,这种理念认为学习者的感官系统只要是打开的,那么他就一定能够原样录入教学者传输的信息。但是,事实却非如此,大量研究表明,**学生对自己要学什么、怎么学有自己的想法**。如果我们教授或者传输的信息不是学生感兴趣或者想要学习的,那么这种现实和期待的错位就会严重阻碍学生对信息的接收,即使那些勉强进入学生大脑中的信息,也会由于不被学生及时处理而很快遗忘。

其次,这种理念认为知识的传递是线性的,教师只要合理安排好学习内容的顺序和难度,学生就能够毫无障碍地理解所学知识。但其实如果**教师和学生对所学内容的期待不同、**

○ 伊列雷斯. 我们如何学习:全视角学习理论 [M]. 孙玫璐,译. 2 版. 北京:教育科学出版社,2014.

○ 焦尔当. 学习的本质 [M]. 杭零,译. 上海:华东师范大学出版社,2015.

思考方式不同，那么他们对所学知识赋予的意义就完全不同，在这种情况下，学习就无法向着教学者预期的方向进行。比如一块糖果，化学老师想到的是其分子组成，物理老师想到的是其结构类型，生物老师想到的是其消化过程，而作为学生，往往想到的是如何吃掉它。

2 行为主义

行为主义主张对心理的研究必须限定在可观察的行为和可控制的刺激上。1913年，约翰·B.华生（John Broadus Watson，美国心理学家）在一篇论文中简明扼要地提出了行为主义的观点。行为主义认为人类心理学的研究对象是人类的行为或活动，"意识"既不可定义，也非实用，它只是远古时期"心灵"说的替代词。○

在此基础上，行为主义者把学习看成是在刺激和反应间建立联结的过程。学习的动力主要由内驱力和外部力量来刺激产生。爱德华·李·桑代克（Edward Lee Thorndike，美国心理学家）设计的一只饥饿的猫通过"尝试——错误"进行学习的实验支持了这个认识。○

> 在箱子中放入一只饥饿的小猫，箱外放着小猫喜欢的食物，小猫要想逃出箱子获得食物，必须学会拉动悬挂于箱中的一根绳子，才能打开箱门。刚开始，急于逃出的小猫试图从任何空隙中钻出来，为此它不停地抓咬一切它够得着的东西。终于它不小心拉动了绳子，打开箱门逃了出来。但是这一事件并没有让小猫增长见识，当它再次被放入箱子时，它不会立即拉动绳子逃出来，还是需要经过无数次尝试才能拉动绳子逃出。经过多次相同的实验，小猫那种不成功的尝试才逐渐被剔除，而促使成功的行为则被愉悦的结果（获得食物）所保留下来。最终，当小猫再次被关入箱子时，它会立即以明确的方式拉动绳子打开箱门逃出来。

通过这个实验，桑代克认为获得食物的**奖励增强了刺激和反应间的联结**。在此基础上，人们自然地认为：对看上去很复杂的问题的解释无须依赖诸如思维那样不可观察的心理活动。○

同样，伯尔赫斯·弗雷德里克·斯金纳（Burrhus Frederic Skinner，美国心理学家）也设计了著名的"斯金纳箱"对动物的学习进行研究：如图1-1所示，箱内装有一个杠杆，杠杆与传送食物的装置相连。将一只白鼠放入箱中，开始时白鼠四处乱走嗅闻，偶然间按动了杠杆，有一粒食物滚落出来。经过几次尝试，白鼠便会不停地按动杠杆，直到自己吃饱为止。也就是说，白鼠学会了通过按动杠杆获得食物。

图 1-1

○○○ 布兰思福特，等.人是如何学习的：扩展版[M].程可拉，译.上海：华东师范大学出版社，2012.

人们很快地将这一理论应用于教学，开始跳过学习中大脑和思维的中间环节，转而关注学习过程中可以看到的刺激和反应间的联结。人们认为在教学中，只要我们确定好要学习的知识，并制订出合适的情境，我们就可以通过一种类似于实验中"尝试——错误"的方式，让学生学会这些知识。

可以看到，相比于经验主义影响下的教学法，这种教学方式有一个明显的优点，**它让教师更多地把注意力放在环境和学生身上**。教师必须结合学生的特点对学习任务进行解析，以创造出适用于学生的学习情境，从而促进学生有效地学习。在学生学习遇到障碍时，人们也不再采用惩罚或者重复的方法，而是尝试创建新的教学情境，帮助学生跨越障碍。①

但是这种方法注定存在局限，它过分地关注那些看得到的刺激条件和该条件相关的行为。对一些简单的学习，这可能没有什么不好的影响，甚至还可能产生良好的学习效果，但对于相对复杂的学习如理解、推理和思考等重要的学习行为来说，我们几乎很难做到把学习内容分解为一个个基本的反应单位，并给每个反应单位设计好对应的外界刺激。这使我们认识到学习并不是一个单纯的线性积累过程，简单的条件反射也无法适应新情境和复杂情境所带来的挑战。

3 建构主义

建构主义理论的快速发展源于伊曼努尔·康德（Immanuel Kant，德国哲学家）。在其1781年所著的《纯粹理性批判》一书中，康德认为我们的意识并不是一张白纸，我们的思想也不是被动存储的集成，我们对于外界信息的感知都源于我们的意识，而这些感知又反过来塑造了我们的意识。"建构主义"理论把认知主体放到了非常重要的地位，它认为大脑中的先有知识和活动是学习的决定性因素，我们的认知发展正是取决于此。②

认知科学的兴起让这一流派形成很多分支。罗伯特·米尔斯·加涅（Robert Mills Gagne，美国心理学家）和杰罗姆·布鲁纳（Jerome Seymour Bruner，美国心理学家与教育学家）认为学习就是在外界信息与内在思维结构间建立联结。我们对事物的感知可以看成是一种归类行为。在这种认识下，**学习被看成是一种区分不同归类属性的能力，是人们对所要记住的东西的选择**。例如，对于一个苹果，我们可以把它看成是一种形状，或者一种颜色、一种味道。因此这种理论指导下的教学总是希望建立更有意义、更多样化的情境，来帮助学生建构知识。③

戴维·保罗·奥苏泊尔（David Paul Ausubel，美国心理学家）对需要建立的联结更为关注。他主张教师在教学时应主动在所学知识的基础上提炼出范围更大的认识，帮助学生意识到已有的知识和正在学习的知识间的联系。也就是说教师在教学活动中要**通过有意义的学习帮助学习者建立起新的思维结构，并把知识整合到这一思维结构中**。④

---

①②③④ 焦尔当.学习的本质[M].杭零，译.上海：华东师范大学出版社，2015.

让·皮亚杰（Jean Piaget，瑞士心理学家）则把学习问题看作是生物适应的延伸。在他的认识中，任何有机体都会把从外部获取的东西（包括感知到的信息）整合到自身结构中，并"顺应"这种变化。在这个视角下的学习过程就是心智运算导致器官改变的过程，也是相应结构自我调整合并新信息的过程。○

建构主义理论相比经验主义和行为主义有很多优点。在它的认识中，学习既不是感官刺激在大脑中留下的印记，也不是外界环境引起的条件反射，而是与内在思维结构有关的学习主体的活动。

但是，建构主义对学习的认识仍有不足。首先，它没有对学习机制进行准确的描述，而代以一般的认知结构进行说明。这就无法展示学习者是如何根据头脑中存在的思维结构对信息进行处理并做出各种推论的过程。其次，建构主义**过分强调了学习者的纯粹认知能力，弱化了环境的地位**。○事实上，所有认知的发展都是在环境中进行的。

通过对上述学术流派的分析，我们发现学习的过程并不能简单直接达成，知识的获取也无法自动顺利实现。最后，学习不是也不能被简化为唯一的一种模式，它涉及多重机制。

这些学习理论站在不同的视角对学习进行了相当程度的描述和刻画，虽然不乏可取之处，但是它们都没有从生理角度去深入关注人的最重要的学习器官——大脑，这使得它们对学习的认识更多地停留在外在学习行为的基础上，很难对学习的具体机制做出更加细致入微的说明。

1.1.2　从生理学的视角认识学习

学习生理层面的研究视角最早可追溯到查尔斯·罗伯特·达尔文（Charles Robert Darwin，英国生物学家）的"物种起源"理论。19世纪末，威廉·詹姆斯和西格蒙德·弗洛伊德（Sigmund Freud，奥地利精神病医师与心理学家）开始将心理现象的生理根源作为研究的起点。

与所有心理现象一样，对于人类而言，学习也是建立在身体基础之上，主要通过脑与中枢神经系统这些特定的身体部分进行。20世纪中后期得益于认知科学和脑科学中先进研究技术的引入，脑与学习方面的研究有了井喷式的进展。

人类大脑容量增加之后，智力远超其他物种。在大脑的构造中，智力的功能主要体现在大脑皮层。大脑皮层很薄，厚度只有2mm左右，像核桃肉那样布满了深浅不一的褶皱。如果把成人的大脑皮层铺开，大约有4张A4纸那么大，与人类渊源最亲的黑猩猩大约有1张A4纸那么大，猴子则有明信片那么大，而老鼠的大脑皮层只有邮票那么大。大脑皮层上布满细细的网格，每个网格中又密布神经元。大脑皮层分为左右两半，分别称为左半球和右半球。近代脑科学研究显示，**大脑的不同部位所表现的功能是不同的**。现在，人们已经在大脑皮层发现了各种功能区域，比如视觉区、听觉区、体觉区等等，如图1-2所示。

○○ 焦尔当．学习的本质[M]．杭零，译．上海：华东师范大学出版社，2015．

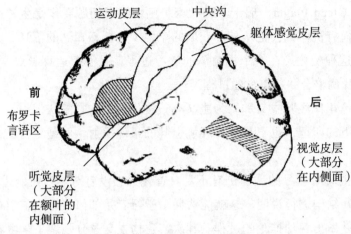

图 1-2

现代脑科学的研究甚至发现，不同的思维模式使用大脑皮层的不同部位。斯坦尼斯拉斯·迪昂（Stanislas Dehaene，法国认知神经学家）采用功能性磁共振成像技术与方法，对人在进行精算和估算时的脑激活状况进行研究时发现：精算主要激活左前额叶下部，这与大脑的语言区有明显重叠；估算主要激活双侧顶叶下部，这与躯体特别是手指运动知觉区联系密切，如图 1-3 所示。仅就语言而言，激活大脑的区域也不同。2002 年以来，我国的香港大学和北京师范大学等学府利用脑成像等技术进行合作研究发现：以中文为母语的人对于英语的辨别更多地激活大脑的右半球，而以英语为母语的人更多地激活大脑的左半球，这是因为汉字是象形文字，英语是拼音文字。这项研究成果说明，前者更多地激活了形象思维能力，而后者更多地激活了抽象思维能力。

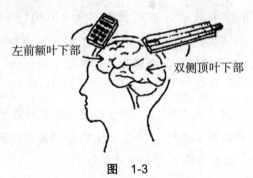

图 1-3

这些新理论使人们对大脑在学习过程中发挥作用的机制有了更清晰的认知。为了便于理解相关研究成果对学习的重要意义，我们借助著名的脑信息加工模型来介绍大脑是如何在学习中发挥作用的。

1 脑信息加工模型

模型最早源于美国亚利桑那州立大学，该模型⊖（如图 1-4 所示）生动形象地通过一些

⊖ 苏泽. 脑与学习 [M]. 认知神经科学与学习国家重点实验室，脑与教育应用研究中心，译. 北京：中国轻工业出版社，2005.

生活中的常见物体代表大脑信息加工过程的不同阶段。当然作为一个模型，它无法完全描述人脑在加工信息、进行思考和表现行为等过程中的各种细节，但是我们可以借助模型对大脑收集、评估、存储和提取信息等加工过程的描述，得到对学习有用的建议。

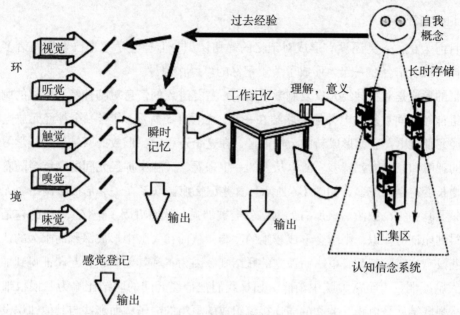

图 1-4

模型显示，当我们的感觉器官接触到外界信息时，大脑首先会根据我们的过去经验来判断这些信息是否有意义，以确定是对信息进行排除还是下一步加工。这之后那些经过筛选被摄取的信息会进入**瞬时记忆**进行保存，一般保持的时间约为 30 秒，直到我们决定了如何处理它。在这个过程中，**大脑会根据信息的优先级确定信息的加工顺序，并决定是否将信息转入到工作记忆阶段**。在工作记忆阶段，摄入的信息会以组块化的形式被进一步加工。工作记忆也是一种暂时记忆，正常年轻人只能在工作记忆中对信息进行 10~20 分钟的有意加工，之后就会出现疲劳或厌烦，注意力也会下降。另外工作记忆容量有限，如果不能及时将工作记忆内的信息进行编码加工转入长时记忆进行储存，这些存在于工作记忆中的信息就会很快地从大脑中消失。

什么样的信息会被工作记忆转入**长时记忆**呢？答案就是那些有意义和具有价值的信息。如果学习者认为工作记忆中的内容既无法理解也没有意义，那么内容被存储的可能性就非常小，而如果这些内容既**可以被学习者理解又对其有意义，那么它们被长时存储的可能性就非常大**。

信息转为长时记忆后，会长时间存在于长时存储区，这些内容构成了我们对周围世界看法的基础。但这并不是全部，在长时存储区，大脑还会用许多不同的方式将单个信息整合在一起。这些信息组合的数量会随着记忆的积累，以幂级数的方式增长。因此从长时存储的信息中产生的思想和理解比单个信息的简单总和要大得多。它们最终形成我们的认知信念系统，帮助我们理解事物，了解法则，认识原因与结果，形成我们看待世界的方式。同时在认知信念系统的深层还隐藏着自我概念，它是我们看待自我的方式。○

2 记忆与迁移

到目前为止，人类还没有形成对记忆的确切认识，但神经学家把已发现的诸多发生在脑中的神经机制结合在一起，形成了关于记忆的可操作假设。

记忆的形成是对脑神经元反复刺激的结果。重复进入的信息对脑神经元形成的刺激，会使得一组神经元间重复放电并最终联结在一起，如图 1-5 所示。○当一个神经元放电时，所有的神经元都放电，这就形成新的记忆痕迹，在这个过程中，形成的联结越多，学习者赋予新学习的理解和意义也就越多。所以从人的一生来看，**大脑中神经元间的联结会随着学习和年龄的增长变得越来越多**，如图 1-6 所示。这些记忆痕迹联系在一起形成了网络。无论什么时候，只要其中一个被激活，所有的网络就会被加强，从而巩固了记忆。○因此越是在大脑中不断得到印证的知识，则越会形成较强的联结，从而在大脑中形成深刻而永久的认知。相反，那些没有被时常刺激，单一而孤立的联结则会因为不和其他联结相互印证得到加强，而逐渐被大脑减弱，直至从大脑中消除。如果我们把神经元间的联结比喻为一根根细细的绳子，那么强联结就是由相互关联的弱连接编织成的更粗的绳子，而那些与其他知识没有太多关联的孤立联结，则会由于没有和其他联结拧成更粗的绳子，而逐渐折断消失。

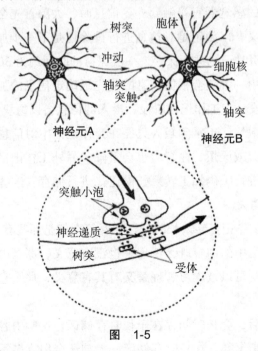

图 1-5

○○○ 苏泽. 脑与学习 [M]. 认知神经科学与学习国家重点实验室，脑与教育应用研究中心，译. 北京：中国轻工业出版社，2005.

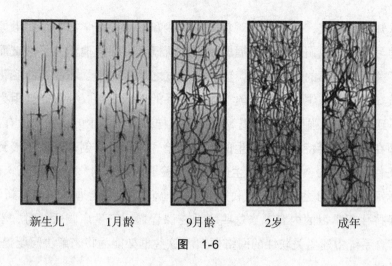

| 新生儿 | 1月龄 | 9月龄 | 2岁 | 成年 |

图 1-6

脑不停地接受外界刺激，并依此对神经元间的联结进行组织和再组织。随着新的联结不断地融合进来，神经元间形成了更多的网络，我们的认知信念系统也随之不断更新。这一惊人的创造力在迁移过程中展现得淋漓尽致。迁移指的是将脑在一种情境下所学习的内容，以一种可能经过调整的或概括化的方式应用于另一种情境。该加工过程类似这样：每当新学习的内容进入工作记忆时，长时记忆同时搜索长时记忆存储区的任何与新的学习相似或有关联的既往学习经验。如果这种经验存在，则记忆网络被激活并进入工作记忆。换言之，**信息加工系统依赖于过去学习与新信息的联系，从而对新信息赋予意义并进行处理。**[○]过去信息的循环进入，不仅使已储存信息的联结得以加强，而且有助于赋予新信息不同以往的意义。赋予新信息意义的程度取决于新信息与长时记忆中其他信息的联结情况。正是这些联结和联系使学习者在将来处理新情境下的问题时有更多的选择。

1.1.3 促进我们的学习

学习理论仍在不断完善，而认知科学和脑科学也将会继续带给我们关于学习的更深入研究。如果想要理解我们的学习潜能到底可以发展到什么程度，我们就必须跨越生理和心理之分，站在一个更加广阔和全面的视角下去看待我们的学习。毫无疑问，人类对于学习的认识会持续深入下去，这个过程也许并没有终点。但我们终究还是能从现今对学习的认识中，找到一些关于学习认知的共同点，并得到一些对学习有用的建议。

1 以学生为主体，关注学生的过去经验

学习是寻找与创建意义的过程，而意义就产生在长时记忆中存储的过去学习经验与新信息相互作用的时候。每位学生在进入课堂之前，都已经根据自身的过去经历在大脑中建

○ 苏泽. 脑与学习 [M]. 认知神经科学与学习国家重点实验室，脑与教育应用研究中心，译. 北京：中国轻工业出版社，2005.

立了独特的认知信念系统,这是他们对新事物的认知基础。在学习中,如果他们的初期理解没有融入学习当中,他们就很难掌握所要学的新概念。即使他们为了考试而学习,并在大脑中形成了关于新信息的记忆痕迹,但在考完试之后,由于学习内容的变化,大脑中的这些没有和认知信念系统中的过去经验产生过联系的记忆痕迹,很可能会因为在后续的学习中许久得不到刺激和加强而逐渐衰退和消失。这样来看,学生的认知并没有得到发展。

因此教师在教学中要特别关注学生的过去经验,并积极地创造能够链接到过去经验的**课堂任务和条件**。这样的教学会使学生的过去经验成为新学科知识和新概念建构的基础。学生在过去学习和新学习之间建立的联系越多,他们就越可能理解和确定新学习的意义,也就越容易保持住新学习的内容。当这些联系在课程之间产生广阔联结时,学生就可以在自身的认知信念系统中建立关联性的网络框架。[1]这些框架能为将来解决问题提供回忆线索,促进知识的迁移。

2 提炼相关学习内容的深入概念

教师日常进行的教学活动,通过不断地向学生传递事实和信息,来逐步构建学生对知识整体的概念认知。比如,我们通过对数字、运算、定理的学习来认知数学;通过对运动、力和能量的阐释来解释物理;通过对国家、人物、战争的讨论来感知历史。

从大脑的记忆模型可以看出,要在大脑中构建并记忆新概念不仅需要学生有意识地注意学习内容,以便使信息尽快进入长时记忆,还需要学生找到新旧相关知识的联系,从而尽快把编码内化后的新知识联结与过去经验的相关联结拧成一股绳,形成联结系统,并最终将理解和意义固化到长时存储的网格中去,在大脑中构建起概念性框架。

因此,为了让学生在概念框架的情境中理解学习内容,教师除了要对学习内容进行结构化处理之外,还必须深度地提炼一些学科知识之上的关键概念,并引导学生理解学习内容与概念之间的联系,使已理解的概念反过来帮助学生组织学科中的内容信息。因此,**我们必须为学生提供与概念相关的深度研究案例或任务,以此展示关键概念在解决问题和完成任务中的重要作用,进而帮助学生理解这些概念**。当然,这样的概念因其较深程度的抽象性很难在学习中被学生持续关注和理解。为此,我们可以为学生提供指向概念理解的问题,以便学生在学习过程中通过对问题的思考获得对概念的理解。

3 注重形成性评价

指向概念理解的教学,必须注重设计形成性评价,以便让教师和学生了解学生学习的思维发展情况。这一方面可以让教师把握学生的过去经验,并根据学生对新概念从不太理解到深度理解的认知过程中所处的位置设计相应的教学。另一方面也有助于学生认识到自

---

[1] 苏泽.脑与学习[M].认知神经科学与学习国家重点实验室,脑与教育应用研究中心,译.北京:中国轻工业出版社,2005.

己对新概念的理解过程,这就为学生提供了认知思维、修改思维和提炼思维的反馈。

既然学习目标注重的是理解,那么我们的评价就必须考查学生的理解过程,而不能仅仅关注学生对事实的记忆或对技能的实施。为了顺应学生大脑中的自我概念,评价必须有利于学生,它不能是对学习成果的突击检查,也不能是根据分数给学生排名次的测验。

通过对学习理论的追溯,和对认知科学及脑科学的探究,我们似乎急需这样的教学过程。**教师在备课之初会首先想到学生的过去经验,并依此对知识进行链接到过去经验的结构化处理,同时在此基础上提炼出知识之上的新概念,并在学习的过程中始终关注体现学生对概念理解程度的核心问题,注重提供形成性评价,促进学生对学习过程的调整反思,最终达成师生对概念的理解共识。**

我们将会看到,基于"大概念"的单元学习和课程整合能够帮助学生看清不同主题之间的共同特征,促进成功的理解和迁移,并加强对未来的理解。

第二节 大概念是什么

1.2.1 什么是概念

在古代,人们称量米粟时,会在盛满米粟的斗斛上用木板刮一下,使米粟的量处于一定的标准范围内。这个木板就称之为"概"(如图1-7所示),其作用就是对古代量具"斛"的满量状态做出校准。因此,"概"这个字后来就引申为对事物做出限定,使其不超出范围。

"念"则是"令心用力"之意。由于古时候人类认为思考问题的器官是心,而不是脑,所以"念"就有了思维、意识的含义。

图 1-7

因而,**"概"指量化和标准,"念"指思维和意识。概念,即标准化后对事物的理解。**

《辞海》中对"概念"一词的解释是:对事物普遍而抽象的认识,在同种类的多数事物中,将其共同性、普遍性抽出来,加以概括,就成为概念。**概念是人类在认识过程中,从感性认识上升到理性认识,把所感知的事物的共同本质特点抽象出来,加以概括,是自我认知意识的一种表达。**例如,人们在形形色色的动物中,感受到不同颜色、不同大小、不同品种的马具有的共同特征,从而抽象出"马"这个概念。

在心理学上,**概念被认为是人脑对客观事物本质的反映,是思维活动的结果和产物,同时又是思维活动借以进行的单元,它是思维体系中最基本的构筑单位。**当然,概念不是一成不变的，概念会随着社会历史和人类认识的发展而不断变化。从某种意义上说，人类社会的文明就是在对原有概念不断校正和创造新概念的过程中逐步建立起来的。

从逻辑学的角度来看，**概念具有两个基本特征，即概念的内涵和外延。概念的内涵是指一个概念的含义，即该概念所反映的事物特有的本质属性**。例如，"商品是用来交换的劳动产品"。其中，"用来交换的劳动产品"就是概念"商品"的内涵。**概念的外延是指这个概念所反映的事物的范围，即具有概念所反映的属性的事物有哪些**。例如，"森林包括防护林、用材林、经济林、薪炭林、特殊用途林等"，这就是从外延角度说明"森林"的概念。概念的内涵和外延呈反比，即一个概念的内涵越多，外延就越小；反之亦然。

一般而言，表达概念的语言形式是词或词组。人们通常会把这些特征概括起来，并用一个词或词组加以表征，在英文里通常对应着"concept"这个单词。

1.2.2　什么是大概念

"概念"作为课程领域的研究对象由来已久，很多学科都是以概念作为最基本的出发点建构起来的。

国际 IB-PYP（International Baccalaureate-Primary Years Programme）课程就将"概念"作为课程架构的关键要素之一。IB-PYP 课程是跨学科的，全部课程内容被分为"我们是谁（Who We Are）""我们身处何时何地（Where We Are in Place and Time）""我们如何表达自己（How We Express Ourselves）""我们如何管理自己（How We Organize Ourselves）""世界是如何运转的（How the World Works）"和"共享地球（Sharing the Planet）"六个领域。课程围绕五个关键要素展开——知识（Knowledge）、概念（Concepts）、技能（Skills）、态度（Attitudes）和行动（Action），如图 1-8 所示，其中对"概念"这一关键要素的解读是，学生在学习课程的同时会受到鼓励，使其能够通过询问而得到更深层次的、在学科范围之外的知识，形成自己的体系，即**通过学习，我们究竟让学生理解的是什么**。

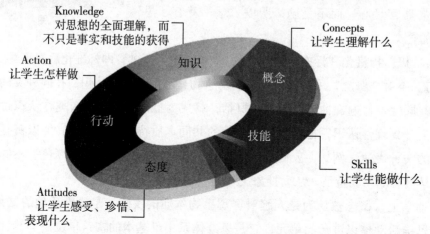

图　1-8

第一章 何谓大概念

这里所说的概念有"形式、功能、原因、变化、联系、观点、责任、反思"八个。我们可以看出，这些概念仍是一些跨学科名词。这些名词由于有着广泛的解释，所以可以和IB课程每个领域的内容进行衔接和联系，形成跨越不同领域的网络连接点，也体现了内容背后真正的学习目标指向。

本书所说的"大概念"主要源自英文"Big Ideas"，国内学者也有人将其翻译成"大观念""核心观念""概括"等。此外"key concept""major generalization""fundamental idea""enduring understandings"等词汇，含义也与其相近，但又有细微的差别。

"Big Ideas"最早是市场营销和广告中的一个术语，指的是一个品牌市场竞争背后的指导方针。1985年，素有"广告教父"之称的大卫·麦肯兹·奥格威（David MacKenzie Ogilvy，英国营销大师）在他的著作《奥格威谈广告》中第一次用到了"Big Ideas"这个术语，后来这个词被频繁地应用于各个领域。

在教育领域，有关大概念的研究至少可以追溯到布鲁纳对教育过程的研究。布鲁纳强调，**无论教师教授哪类学科，一定要使学生理解该学科的基本结构**，这有助于学生解决课堂内外所遇到的各类问题。布鲁纳所说的学科基本结构，就是学科的基本概念、基本原理、基础公理和普遍性的主题。掌握了基本概念和基本原理，就可以实现迁移，就可以把基础知识应用于新知识的学习，并使所学的知识具有适应新问题情境的广泛可能性。掌握事物的基本结构，就是将许多事物与其有意义地联系起来，以此方式去理解它，学习这种基本结构就是学习事物之间是怎样相互关联起来的。正如其本人所说：

> 学到的观念越是基本，这些观念对新问题的适用性就越宽广……懂得基本原理可以使得学科更容易理解。㊀

奥苏伯尔1963年论述课程的"先行组织者"时，已在使用这一术语。"先行组织者"是在正式材料学习之前，向学生介绍与其原有的认知结构中对应知识相联系的概括和包容性引导材料，它在抽象、概括和包容水平上高于正式的学习材料并用学生熟悉的术语呈现。设计"组织者"的目的，是为了帮助学生能够更平稳地进入正式学习材料中的内容，给学习者在已知与未知之间架起一座桥梁。他将"大概念"作为科学课程中的"组织者"，这些组织者将学习单元中的事实和概念统一起来，并为新内容的学习搭建支架。

在当今教育学领域，也有不少学者用到"大概念"一词。

例如，格兰特·威金斯（Grant Wiggins，美国教育专家）和杰伊·麦克泰格（Jay McTighe，美国当代教育专家）所著的《追求理解的教学设计》一书中构建了一个称为"逆向设计"的课程模型。

与传统的教学过程不同，所谓"逆向设计"的过程见表1-1。

㊀ 杰罗姆·S.布鲁纳.教育过程[M].上海师范大学外国教育研究室，译.上海：上海人民出版社，1973.

表 1-1

阶段一	阶段二	阶段三
确定预期结果	确定合适的评估证据	设计学习体验和教学
如果预期结果是让学生……	那么你需要学生有证据表明他们能……	所以学习活动需要这样展开……

这个"以终为始"的模型无疑对课程和教学的设计具有非常重要的意义，它使教学的实施者能够始终清醒地认识到设计教学活动的初衷和意义所在，而不至于陷入东拼西凑却与教学目标南辕北辙的活动之中。

在这个模型中作者非常强调大概念的作用，认为理解大概念是学生深入持久理解的重要环节，但他们对大概念的定义还是比较宽泛的：

> 大概念可以以各种形式体现——一个词、一个短语、一个句子或者一个问题。[1]

尽管形式不统一，但作者对大概念本质和价值的描述非常深刻。书中将大概念做了一个形象的比喻：

> 可以认为大概念相当于一个车辖。车辖是一种配件，能够使车轮固定在车轴上。因此，车辖是理解的必要条件……否则，留给我们的就只是一些零碎的、无用的知识，不能起到任何作用。

两位作者还进一步用例子来说明：

> 一个学生，即使他知识渊博，能够说出许多宪政历史上的事实，但如果没有领会到法律文字与法律精神之间的差别，那他就不能说自己理解了美国宪法及法律体系。如果学生没有关注到具有持久价值的大概念，那么他们就很容易忘记那些碎片性的知识。因此，学生可能已经记住了所有宪法修正案，或许也能流利地背出最高法院主要裁决法官的名字，但如果他们无法理解在法律和民主原则保持不变的情况下，修正案是如何修改法律的，那么我们认为学生的理解是不充分的。[2]

书中还准确地表述出了大概念最为关键的一些特征：

> 作为学科核心的概念，它们是通过深入探究而得到的来之不易的结果，是某一领域专家的思考和感知问题的方式。这些概念是不明显的。事实上，许多专家提出的大概念对于初学者来说是抽象的、违反直觉的，甚至是容易产生误解的。[3]

与威金斯和麦克泰格同样声名显赫的另一对研究搭档林恩·埃里克森（Lynn Erickson，

---

[1][2][3] 格兰特·威金斯，杰伊·麦克泰格. 追求理解的教学设计 [M]. 闫寒冰，宋雪莲，赖平，译. 第二版. 上海：华东师范大学出版社，2016.

美国当代教育专家）和洛伊斯·兰宁（Lois Lanning，美国当代教育专家），在其所著的《以概念为本的课程与教学：培养核心素养的绝佳实践》一书中，也十分强调概念。他们在这本书中提到了如图1-9所示的知识结构。[一]

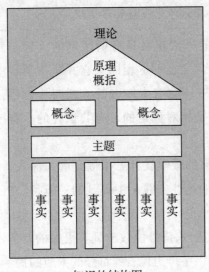
知识的结构图

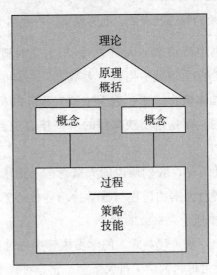
过程的结构图

图 1-9

我们看到，在这一结构中，从底层事实出发，向上依次为主题、概念、概括、原理和理论。

这里的概念，作者仍用"一两个词或短语"来表述。例如，宏观概念（跨学科的）：变化、系统、独立，等等；微观概念（更多是学科内的）：角度、文化、噪音、恐惧、栖息地，等等。

与概念不同，概括是表述两个或两个以上的概念之间关系的句子。它们是跨时间、跨文化、跨情景、可迁移的理解。概括不包含专有名词、动词过去式、代词，等等，"生态系统中生物体形成相互依存的关系"即是一个概括的例子。

同时，作者进一步指出：

> 概括是由事实性实例支撑的真理，当这种观点很重要又不能包含所有实例时，可以使用限定词（如经常、可能、或许等）。例如，"国家可能使用斡旋来解决国际冲突"。过度使用限定词可能会削弱概括的力量，因此，仅仅在必需时使用。

概括之上是原理，相比概括，原理更具一般性，原理从不使用限定词。从数量上看，原理比概括要少，概括又比事实要少。同时，作者也指出：

[一] 林恩·埃里克森，洛伊斯·兰宁. 以概念为本的课程与教学：培养核心素养的绝佳实践［M］. 鲁效孔，译. 上海：华东师范大学出版社，2018.

> 在课程设计上，不必区分概括和原理，它们都是对概念性关系的表述，如基本理解、持续性理解（即威金斯和麦克泰格在前文中所述），核心学科观念都指同一件事情。
>
> 最上面的"理论"，是一个推论或者一组用来解释现象或实践的概念性观点。理论属于更高层次的概念性观点，更为抽象，一般不需要在教学中直接让学生理解。[1]

本书中所说的"大概念"，与上文对概念的一般定义是有所区别的，它与其他某些课程和教育学领域中用到"大概念"一词时的含义也不尽相同。它并非指学科中的某一知识的具体概念，如：数学中"方程"的概念——含有未知数的等式叫作方程。它不是一个名词，而是指反映本质的一些核心观点，是相对稳定的、有共识性的、有统领性的观点。

由此可见，我们所说的大概念与《追求理解的教学设计》中提到的"深入持久理解"和《以概念为本的课程与教学：培养核心素养的绝佳实践》中提到的"概括""原理"或"理论"本质上是一致的。

例如：从《代数式》的学习内容中提炼出"引入符号使数学具有更大的普适性"这一观点，就可称为数学学科大概念，它是对数学中以字母为代表的符号的本质的揭示。

我们不妨再看一些大概念：

- 散文中的客观事物是作者寄托情感和态度的载体。
- 国家利益至上是世界各国制定外交政策的基本原则。
- 信仰和价值观的差异，会导致旷日持久的社会和政治冲突。
- 生命个体的结构与功能相适应，并通过一定的调节机制保持稳态。
- 艺术是一种受文化制约的审美表达。

从提炼的角度上看，大概念既可以是对学科内容本质的客观陈述，也可以是对学科内容的教育价值或实践价值的描述。

比如：

- 符号是数学抽象的重要表现形式，用符号表示推理与运算的结果具有一般性。
- 在身体允许的范围内最大限度收缩起来的肌肉会产生更多力量。

这些大概念是对学科本质特征的陈述。

又如：

- 文学作品不能等同于历史，但其中有可能存在着丰富的历史信息。
- 数集扩充是为了解决运算封闭性的需要。

---

[1] 林恩·埃里克森，洛伊斯·兰宁. 以概念为本的课程与教学：培养核心素养的绝佳实践［M］. 鲁效孔，译. 上海：华东师范大学出版社，2018.

这些大概念则是对学习对象在学科发展和应用中的重要价值的描述。当然，两者本身是相通的。

从表述的句法上看，大概念既可以采用主谓结构，也可以采用动宾结构，但必须是可以判断真假的语句，即**在逻辑学上应该成为一个命题**。所谓命题，就是对一个事物表达判断的语句，命题本身可以接受对或错的评判。

需要指出的是，虽然 IB 课程中所说的概念不是本书中我们所谈到的大概念，但是 IB 课程却有在领域之下每个学段需要学生达成的主旨思想（Central Ideas），它们事实上非常类似于大概念。由此可见，国际上许多课程体系都很强调具有核心价值取向的观点。（扫描封面上的二维码，可以查看到澳大利亚堪培拉文法学院 IB 课程中的主旨思想。）

那么，我们为什么要采用这种陈述性论断的语句作为"大概念"呢？

这是因为各学科课程标准对核心素养的表述都是以名词形式呈现的，如果我们一线教师在教学中仍只停留在名词层面，就不能有效解决学科课程要培养的素养与具体内容之间的关联问题，只有进一步概括出明确而相对具体的学科观点，对教师的教学和学生的学习才更有现实意义。因此，大概念有别于学科课程要培养的核心素养和义务教育课程标准中的核心词，从表达形式上通常是一个**含有明确学科观点和态度的陈述性语句**。

事实上，学生在学科学习中的时间和内容都是有限的，如果学生学到的只是零碎的知识，那么这些知识往往就缺乏生长力，终究会随着时间的流逝被忘得一干二净；即便就应付考试来说，因为没有统摄性就难以达到深层理解，同样也无法应对灵活多变的题目。正如布鲁纳所说：

> 教专门的课题或技能而没有把它们在知识领域更广博的基本结构中的脉络弄清楚，这在几个深远的意义上，是不经济的。[一]

而"大概念"自身具有的统摄性，使其像磁石一样，对知识具有"吸附"作用。如果我们的教学以学生理解"大概念"为目标，知识的学习就会被赋予意义，并在未来持续发生作用。

第三节　多大算大

大概念的"大"指的是什么呢？

这里"大"的内涵不是"庞大"或"宏大"，而是"核心"与"本质"。

当然，大概念的"大"是相对的，有着不同层次的意义。我们以数学中《代数式》这

[一] 杰罗姆·S.布鲁纳.教育过程[M].上海师范大学外国教育研究室，译.上海：上海人民出版社，1973.

一单元的大概念体系为例,详细说明各个大概念之间的层次关系,如图1-10所示。

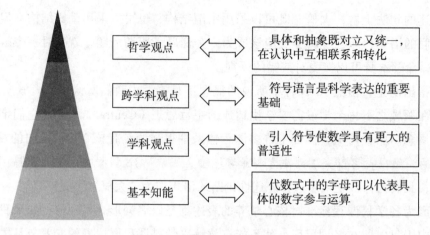

图 1-10

1.3.1 基本知能层面的大概念

处在最下面的是基本知能层面的大概念——"代数式中的字母可以代表具体的数字参与运算"。

如今,我们对于含有字母的各类表达式已经习以为常,然而,学会从数字抽象到字母,进行更加形式化的运算,对于人类来说却经历了十分漫长的岁月。直至16世纪,弗朗索瓦·韦达(François Viète,法国数学家)才有意识地使用字母来表达抽象的运算。

例如,初中学生都熟悉的一元二次方程的求根公式:

对于关于 x 的方程 $ax^2 + bx + c = 0(a \neq 0)$ 的根(方程的解)可以用其系数表示为

$$x = \frac{-b \pm \sqrt{b^2-4ac}}{2a}$$

在韦达之前,人们只解决数字系数的方程,大家认为 $x^2 + 2x + 3 = 0$ 或 $2x^2 - 5x + 4 = 0$ 这两个方程是不一样的,尽管它们求解的过程是一致的。韦达第一次清楚地告诉人们,我们不必一个一个地去处理这样的数学对象,有了符号就可以看清同类数学对象的处理方法。

但由于这个公式最终还是要运用到一个一个具体的数字方程上,所以,公式中的运算法则和运算规律必须与数字运算保持一致。

可以看出,由于代数式中的字母本质上是代表数的,这就决定了式的运算原理和法则应该与数是统一的。因为如果两者是完全不同的运算系统,那么研究代数式的运算就会显得毫无意义。字母可以替代数字进入运算系统,必要的时候又可以用数字换回字母,产生需要的结果,这就是代数的价值所在。

1.3.2 学科观点层面的大概念

基本知能大概念的上一层级是学科观点层面的大概念——"引入符号使数学具有更大的普适性"。

关于"数学在本质上研究的是抽象的东西"这个结论，从古至今，无论是数学家还是哲学家几乎都没有异议。事实上，数学并非现实世界中的客观存在，它是人类思维的产物，但这些被数学抽象出的东西却来源于现实世界，是人们的经验将其抽象出来的。⊖

我们不妨从最简单的数字看起。现实世界中其实原本没有数字，有的是"1匹马""2只鸟""3棵树"这样的具体事物，当人们从这些具体事物中舍弃其他物理属性，只保留数量和数量关系时，"数"便产生了。我们可能是从"1匹马"中抽象出"1"这个数字。去掉了事物和中间的量词，也就摆脱了实际情境的束缚，从而凸显了数的本质——多和少。因为当我们说"2比1多"时，并非是说2只鸟比1匹马大。我们运用"2+1"这个数字算式时，也不是解释2只鸟加上1匹马到底是什么。当然，数量的多少最终会转化成这些数字符号的大小。有了"序"的概念，我们便完成了对于数字的抽象。事实上，我们可以这样定义：数字是能够由小到大进行排列的一组符号。

然而，当我们获得这些数字符号之后，它的含义变得更自由，也更纯粹。例如，对于数字"1"，当它回归现实世界时，就不仅可以代表"1匹马"，还可以代表"1只羊""1个人"等所有数量是"1"的事物。由此可见，从具体事物抽象出来的数字，具有更大范围的适用性。这就是数学第一个层次的抽象。

但在数学中仅仅有第一层抽象是不行的，我们还需要借助更一般化的符号进一步摆脱具体内容，如果不这样，数学的表达将很难具有一般性，而建立在这种基础上的推理和运算也将不具有一般性。我们现在通常用字母——主要是英文字母，在表征这种更一般的符号。例如，算式"$1+2=2+1$""$3+4=4+3$"都是具体的，它们仅仅能够反映运算规律在这些具体数字的运算中是可行的。但我们从这些算式中抽象出代数等式"$a+b=b+a$"之后，则可以反映运算的一般规律：任意两个数相加，交换加数的位置，和不变。

韦达在其1591年所著的《分析艺术引论》中清晰地指出：

> 算术是与具体的数字打交道，是数字运算；代数是作用于事物的类别或形式上的方法，是类型计算。

从"个"到"类"是字母表示数的本质，也就完成了数学的第二次抽象。韦达和许多代数学家的工作告诉我们，可以向对待数字符号一样对待字母符号，对其进行运算，这样，通过这类符号运算得到的结果具有普适性和一般性。

⊖ 史宁中. 数学思想概论. 第1辑，数量与数量关系的抽象[M]. 长春：东北师范大学出版社，2008.

1.3.3 跨学科观点层面的大概念

如果再向上一层级看,我们就会得到跨学科层面的大概念——"符号语言是科学表达的重要基础"。

可以说,现代科学,无论是自然科学还是人文科学,都希望借助数学语言来表达学科内部的规律或结论,而其中运用符号进行表征是重要的组成部分。我们知道,物理学、化学、生物学、天文学等许多学科中的原理、法则已经形成了大量的用符号表达的公式,例如重力计算公式 $G = mg$,质能方程 $E = mc^2$,等等。

事实上,社会科学的研究者们也在努力运用符号去表征。我们可以看几个典型的例子。

例如,我们经常说的 GDP(国内生产总值)是如何计算出来的呢?在经济学上,GDP 是指在一定时间,经济体生产的全部最终产品和服务的价值。公式 $Y=C+I+G+NX$ 就表示了 GDP 的构成要素。其中 Y 就是 GDP,C 是家庭的消费支出,I 是企业与家庭的投资支出,G 是政府采购商品与服务,NX 是净出口。这个公式说明 GDP 由以上四个部分构成,拉动 GDP 就需要从这四个方面中的某一个方面或几个方面发力。当然,这还要综合考虑当地的自身特点和可持续发展的潜质。

又如,人口学家采用下列公式估算理论人口容量,理论人口容量 $= \frac{a \times b}{c}$,其中 a 为耕地面积,b 为熟制(即粮食作物一年成熟的次数),c 为每年人均粮食消费所需的耕地面积。通过地理学知识我们知道,热带地区为一年三熟,则 $b = 3$;亚热带地区为一年两熟,则 $b = 2$;温带地区为两年三熟,则 $b = 1.5$;而中温带地区和寒温带地区为一年一熟,则 $b = 1$。假如一个地区在一定的时间范围中 a 和 c 都是常量,保持相对稳定不变,那么可以推算地理位置越靠南的地区,人口容量也就越大。换句话说就是"越热的地方养活的人越多"。当然,在实际中 a 和 c 也并不是理想的常量,比如越是平原适于耕种的地方,人口容量就会越大;越是种植单位亩产高的作物,人口容量也会越大。这也就很好地解释了南方、平原、高产地区往往人口稠密,而寒冷的北方、山区或者不适合种植高产作物的地区往往地广人稀。

再如,库尔特·勒温(Kurt Lewin,德裔美国心理学家)提出了人类行为公式:$B = f(P \times E)$。其中 B 表示个体的行为,f 为函数,P 表示人格,E 表示环境。这个公式的意思是:一个人的行为(Behavior)是其人格或个性(Personality)与其当时所处情景或环境(Environment)的函数。换言之,人的表现是由他们自身的素质和当时面对的情景共同决定的。这个公式从个体因素和环境因素的相互作用来考察人的行为,揭示了人类行为的基本规律。

像上面这些例子在社会科学的研究中比比皆是,甚至由此衍生出一门新的科学——数理社会学,即运用数学的概念、理论、方法和公式来描述和分析社会现象的一门学科。

1.3.4 哲学观点层面的大概念

居于最上层的是哲学层面的大概念——"具体和抽象既对立又统一,在认识中相互联系和转化"。

历史上曾经有许多伟大的哲学家都认为,抽象的东西是脱离了人的经验而独立存在的。换言之,在被人类感知和抽象之前它就已经存在了,只是人们在某个恰当的时间发现了它而已。这种思想的代表人物是柏拉图(Plato,古希腊哲学家),他认为人的经验是不可靠的,会随着时间或场所的改变而改变,科学概念应该是永恒的存在。例如,你在纸上画一个圆,我们看到了它,它是存在的;我们擦掉它,它依然会存在于我们的思想中,因此肉眼看到的都是"影子",只有思想才是实在的。人们之所以获得知识,是因为思想"看到"了它的存在,也就是说,是人们"发现"了这些知识。17世纪哲学家贝内迪特·斯宾诺莎(Benedictus Spinoza,荷兰哲学家)也支持柏拉图的观点,他指出,有一个为感官世界所感知的现实世界,也有一个为思想所推断的理想世界。20世纪著名哲学家伯特兰·阿瑟·威廉·罗素(Bertrand Arthur William Russell,英国哲学家、数学家与社会学家)也是柏拉图观点的支持者,他在其名著《西方哲学史》中提到:

> 我同意柏拉图的观点……正像柏拉图所说,数学的真理与知觉无关,它是非常奇特的一种真理,并且仅仅只涉及符号。

以上学者的观点被称为"唯实论",即我们现在脱离具体事物的知识都是实实在在存在的。

柏拉图的学生亚里士多德(Aristotle,古希腊哲学家与科学家)持相反观点。他认为,知识是人们从感性经验中通过直观抽象得到的,只存在于我们的主观意识之中,并不是看得见摸得着的客观存在,不同的人、不同的时间、不同的场景抽象出来的结果可能是不一样的,这些知识只是一个"名"而不是"实",这就是"唯名论"。比如,我们能够从足球、圆盘、月亮等具体事物中感悟到"圆"这个几何图形,但是圆作为数学概念,却是人为给出的,是人们从现实世界中许多具有圆形的物体或轨迹中抽象出来的。因此,抽象了的东西并不是真实存在的,而仅仅表现在每一个具体之中。弗朗西斯·培根(Francis Bacon,英国哲学家与科学家)认同亚里士多德的想法,他在《新工具》一书中提到:

> 熟悉形式的人能够在极不相同的实体中把握性质的统一性……所以正是由于形式,我们可以在思想上得到真理并且在行动上获得自由。

伊曼努尔·康德(Immanuel Kant,德国作家与哲学家)则在其巨著《纯粹理性批判》中总结道:

> 人类的一切知识都是从直观开始,从那里进到概念,而以理念结束。

事实上,两种理论都有可取之处,也都有不足之处。抽象源于现实世界的具体事物,没有具体的事物不可能产生抽象的内容，抽象的内容不会独立存在。但人类的头脑不是一块白板，抽象的过程又是人们的思想积极建构的过程，没有智慧的加工，就不可能产生有价值的抽象。

因此，具体和抽象两者相互依存。具体是抽象的具体，抽象是具体的抽象。抽象只能通过具体表现出来，具体只能是抽象的外在体现，它们之间是表现和被表现的关系。任何一方离开了另一方都不能存在，实际的存在总是具体与抽象的对立统一。

人们的认识都是先从感性具体上升到理性抽象。例如，我们认识一个人，一开始是认识性别、年龄、相貌和名字，这些都属于人的表面属性，随后可能是性格、兴趣和价值准则等本质属性，你把它抽象出来加以认识和把握，这就是从感性具体上升到理性抽象。

然而，我们在实践中还需要从理性抽象回归到理性具体，例如，我们运用上文示例中提到的对某人性格、兴趣和价值观的理解，去判断该人的具体行为和行为背后的实际想法，进而去强化或校正你对他（她）的认识，这就是抽象指导下的理性具体。

一个真实的人无疑是抽象的本质与具体的现象的统一，但其本质也在不断地表现出来，即不断转变为具体的现象。抽象与具体的相互转化，正是感性认识与理性认识相互转化的客观基础。因此，两者在认识中是相互转化的。

我们可以再看一个化学学科的例子，如图1-11所示。

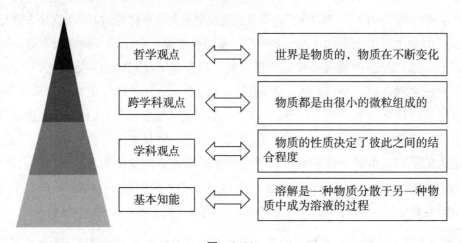

图 1-11

对于前文讲述的不同层次的大概念的分析，这里不再赘述。（扫描封面上的二维码，可以查看分析，进一步去体会。）

通过以上例子，不难发现，越上位的大概念，其内涵越广泛，统摄的内容也越多，越具有普适性，但它与具体内容的链接也随之减弱。正如温·哈伦（Wynne Harlen，英国学者）在《以大概念的理念进行科学教育》一书中所写的：

第一章　何谓大概念

> 理论上讲，这种将概念连接在一起而形成较大概念的过程，可以一直延续下去，直到归纳成数目很少的几个顶层概念，甚至于可以用一个概念解释所有的事物。这些概念必然是高度抽象的，且和实际的经验相去甚远，在解释一些经验时，它们不如那些与实际事件和现象联系更为明显的概念有用。

我们主要研究学科观点层面的大概念，即图 1-10 中"引入符号使数学具有更大的普适性"对应的这个层级。这是因为这一层级的大概念更能体现学科课程要培养的核心素养的内涵，与教学单元内容也紧密相连。因此，"采用适当水平的大概念，符合科学教育的目的，并同时能关注到不同方面的目标以及如何最好地去实现这些目标"。[1]

第四节　大概念的特征

大概念是指反映学科本质的、相对稳定的、有统领性的核心观点。那么是不是只要是一个表示学科内容的语句就可以作为一个大概念呢？

1.4.1　大概念不是什么

我们首先要澄清一下"大概念不是什么？"

1 大概念不是单元主题或话题的名词

我们有时很容易把单元的主题或话题误作大概念。这主要还是因为把大概念理解成了名词，与一般意义上讲的概念混为一谈。

我们看下面的例子：

- 中国传统故事中的领袖情怀。
- 十进制的进退位。
- 中国画的笔法与墨法。

以上三个语句都不是我们所说的大概念，它们只是点明了某个学习单元的主题或话题，只是对学习内容而非学科本质的概括。提炼这种标题形式的语句，对一线教师来说并不难，但意义却不大，因为这并不能引导学生对学习内容背后的学科理念和精神进行深入理解。

---

[1] 哈伦. 以大概念的理念进行科学教育[M]. 韦钰, 译. 北京：科学普及出版社, 2016.

2 大概念不是学科知识概念本身

有的老师认为，学科中最重要和关键的那些定义、法则和公式就是大概念，这种认识也是不对的。

诚然，在学习过程中确实存在着一些贯穿始终、最具关键性的学科术语，但是这些核心术语，如果仅仅是教科书式的文字定义本身，而不是为了进一步揭示其内在学科规律或本质的话，它也不能称之为大概念。因为记忆或背诵定义，并不能让学生对学科进行深层次的感悟和理解。

例如：

> - 光线从一种介质进入另一种介质时，路径发生偏移的现象，叫作光的折射。
> - 悲剧是描写人物与占优势的力量（如命运、环境、社会等）之间产生不可调和的冲突而导致悲惨或灾难性结局的文学或艺术作品形式。

诚然，某些学科中对重要概念的定义，确实揭示了其学习对象的内涵，但是作为定义，它们更加注重形式，在学科内部通常不能很好地体现出迁移价值。

上文提到的"悲剧"的概念，是从文学作品的基本结构出发做出的描述性定义。虽然其科学性毋庸置疑，但是让学生学习如《骆驼祥子》这样的悲剧作品，并不是希望学生最终掌握这个专业概念，而是希望学生收获心灵的震撼和强烈的反思。

事实上，悲剧通常带有缺憾美，结局令人唏嘘不已。我们可以设想，倘若罗密欧与朱丽叶得到了幸福，哈姆雷特最终战胜恶人，贾宝玉与林黛玉终成眷属，梁山伯与祝英台的爱情被世俗认可……恐怕，这些作品就缺乏了强烈的批判性，无法成为真正的经典，也无法被人们传诵千年，更无法在人们心中产生那么强大的震撼力了。

由此可见，与喜剧相比，悲剧往往更具有一种催人反思，促人反省的深刻力量。正如鲁迅在《再论雷峰塔的倒掉》中所说："悲剧将人生的有价值的东西毁灭给人看，喜剧将那无价值的撕破给人看。"

由此我们可以将下面这句话作为这个单元的大概念：

> 悲剧是将美好的东西毁灭了给人看，遗憾惋惜的同时引发反思和觉醒往往是作者想要表达的思想内涵。

3 大概念不是教学目标或学习目标

有时，我们容易把大概念与教学目标或学习目标相混淆。

请看下面两个语句：

> - 通过观察、描述、对比典型燃烧反应中的燃烧现象，证明氧气的助燃性。
> - 通过朗读和想象，感受课文中丰富多彩的景物之美，抒发对大自然、对人生的热爱。

熟悉一线教学的老师们不难发现，这实际上是教学（学习）目标最常用的表述方式。教学目标或学习目标的确是进行教学或组织学生学习的标尺，我们也应着力于制定清晰、适当、操作性强并且师生能够达成共识的学习目标——事实上，在大概念引领的单元教学中，一个重要环节就是如何设计单元学习目标，这一点在后面的章节中会有较为详细的论述。但是，这不等于教学目标或学习目标本身等同于大概念。

这是因为，目标的作用与大概念有着本质上的不同。目标的作用是引导教师的教和学生的学，而大概念的作用是揭示学科本质。目标具有靶向性，不可能存在两个不同的学习单元却有着完全相同的学习目标，而大概念具有迁移性，它既扎根于现有的单元学习内容，又可以从具体内容迁移上升到素养层面，具有更宏观的指导意义。

作用的不同导致了表达方式和语句构成的不同。一般来说，目标的表述中含有学习预期的结果和达成结果的行为或路径，即"通过……获得……"，其清晰程度是评价目标撰写是否到位的重要标准。大概念的表述并不会说明怎样才能体会到概念本身，也不会对学习效果做出标准性要求，它只是对联系着本单元学习对象的学科本质做出客观的陈述，科学程度和深刻程度是评价大概念撰写是否到位的重要标准。

4 大概念不是一个问题

大概念本身不应以问题的方式呈现。事实上，大概念在实践教学中确实需要转化成面向学生的具体问题，即"核心问题"。关于这一点，在后面的大概念引领下的单元教学中会作详细的论述。

下面的问题就不适合作为大概念：

- 如何根据不同的问题来收集数据？
- 怎样才能感情充沛地阅读一篇文章？

这类疑问句为何不宜作为大概念呢？

这是因为大概念是一个学科或跨学科的观点，需要给出确切的结论，而不是仅仅引发思考。当然，在设计和提炼大概念的过程中，适当地提出这些问题是不错的方法，因为问题背后的答案很可能就是我们想要的大概念。尝试回答并凝练问题的答案，有助于我们不断接近大概念本身。

比如，我们如果试着去回答"如何根据不同的问题来收集数据？"这一问题时，得到的回答是："收集数据的方式是由统计问题中总体的个体数量、精确要求、获得数据的方式和难度综合决定的"。这样的回答基本上就可以作为大概念了。

5 大概念不是显而易见的所谓"真理"

大概念应该是一个真理，至少在我们的认知范围内尽量逼近真理，但一个好的大概念不应该是那种显而易见、尽人皆知、不说自明的"简单真理"。例如：

- 艺术可以陶冶人的情操。
- 美国是一个多民族的移民国家。

我们如果把这类表述作为大概念,则很难起到引发学生通过学习具体的知识和技能而逐渐抵达核心素养的作用。

关于这一点,格兰特·威金斯和杰伊·麦克泰在《理解为先模式:单元教学设计指南(一)》一书中,有更为鲜明的论述:

持续理解(的大概念)必须是一个鲜明的观点,是有意形成的概括,即所谓"故事的寓意",通常并不是显而易见的一些简单事实,甚至可能初次听起来感觉违反直觉,容易误解。[一]

作者用"故事的寓意"来表达大概念的特质十分恰当和巧妙。如果不经历一系列丰富而深刻的学习活动就可以获得,则不具有深刻性。丧失了深刻性,大概念的价值也就荡然无存了。

1.4.2 大概念应该是什么

1 大概念是一个鲜明的学科观点

大概念所表达的学科观点必须鲜明,不能含糊不清或者模棱两可。那种看起来很正确但又"无关痛痒"的表述,对大概念来说并不适用。

请看下面的例子:

- 图形变换的本质是变换中的不变性。

学过数学的人都知道,几何学中有一部分称为"图形变换",比如平面变换——平移、旋转和轴对称(轴反射)。那么学习形形色色的图形变换,本质上需要掌握什么呢?这个大概念揭示出,我们实际上就是在研究各种变换在"变"中的"不变"。

请看数学中涉及的常见变换:

- 位移变换保留距离、方向与角度;
- 等距同构变换保留距离与角度;
- 相似变换保留距离间的比例;
- 仿射变换保留平行;
- 投影变换保留共线性;

[一] 格兰特·威金斯,杰伊·麦克泰.理解为先模式:单元教学设计指南(一)[M].盛群力,等译.福州:福建教育出版社,2018.

- 共形变换保留角度在一阶的相似；
- 保积变换保留图形的面积；
- 同胚保留点的邻域。

无论读者是否能看懂这些数学领域的专业名词，但从这些对变换的概括中，都会找到一个词——"保留"。也就是说，几何变换实质上是在研究图形在不同的限制条件下变化时，究竟什么性质被保留了下来，是不会变的。

拓扑学是一门看似不太像几何的分支科学，因为它看起来过于自由。在拓扑几何中，点仍然是点；线仍然是线，但直线可以变成曲线；面也仍然是面，但三角形可以变成圆；体仍然是体，但圆锥可以变成球。这种变换允许图形膨胀但不能破裂，允许图形缩小但不能黏合。如果我们从维度的角度去认识，点可以认为是 0 维，线是 1 维，面是 2 维，体是 3 维，那么拓扑变换就是保持维度的变换。尽管这种变换限制条件极低，但只有在这样的情况下，我们得到的图形性质才更加本质，它可以让我们更清楚地认识到几何图形最基本的属性究竟是什么。

我们再来看一个数学中的例子：

- 数域扩张是运算追求完备的必然产物。

从小学到大学，我们在学习数学的过程中，总是伴随着数的范围不断扩大。在我们小学刚开始学习数学时，认识的是正整数还有 0，这是由人类在自然界中计数得到的，所以也叫自然数，后来我们又学习了分数、小数。到了初中，我们会学习负数，从而使数的范围扩充到了有理数。再后来，我们又学习了像 $\sqrt{2}$ 这样的无理数，数的范围进一步扩充到了实数。高中时，我们学习了虚数，比如 $i^2=-1$，至此数的范围就到了复数。

但是我们为什么一定要不断扩大数的范围呢？难道是数学家的一厢情愿，只是为了增加我们学习的内容和难度吗？事实上，这一方面是由于生活和生产的需要，比如我们可以用正数和负数表示收入与支出、地上楼层与地下楼层这样具有相反意义的量，用 $\sqrt{2}$ 表示面积是 2 的正方形的边长。但更重要的原因却是——为了使数学的运算更自由、更完备。

假如我们任意选择两个正整数做加法运算，不难知道其结果也一定是正整数。用数学里专业一点的话说，就是"正整数对于加法运算封闭的"。但是，对于加法的逆运算——减法来说却不是这样。假如我们任意选择两个正整数做减法，很可能出现小数减大数的情况，这样得到的结果就不再是正整数。如果不引入负数，我们就只能像小学生一样回答：这个算式是错的，因为不够减，所以没有结果。负数的出现，使得减法变得总能实施。同样，任意两个正整数相乘的结果总会是正整数，但是想要两个正整数相除总有结果，我们就必须引入分数。类似的，想要开方运算的结果畅通无阻，我们就需要无理数甚至虚数。

由此可见，想要我们定义的数学运算总可以自由自在地实施，而不必担心没有结果，我们就必须让数的范围不断扩张。

2 大概念需要一定的深刻程度

正如上文提到的，大概念的基本特质具有一定的深刻性。当然这种**深刻性要适度，是应该让学习者能够感受到的**。

请看下面这个例子：

> • 每一个生命个体都要经历出生、生长、繁荣和死亡组成的特有的生命周期。

在学习生物学的过程中，我们可能还记得蝴蝶发育的各个阶段，即卵、幼虫、蛹、成虫，但是学生真的需要知道卵、幼虫、蛹、成虫这些细节吗？当父母问孩子在学习什么时，可能得到的回答是在学习蝴蝶。然而，我们为什么学习的是蝴蝶，而不是蜻蜓或蜘蛛呢？我们需要了解所有生物体的生命周期吗？事实上，卵、幼虫、蛹、成虫并不是重要的概念，学习任何生物体的过程都是希望我们知道"每一个生命个体都要经历出生、生长、繁荣和死亡组成的特有的生命周期。"而卵、幼虫、蛹、成虫只是蝴蝶这一特定有机体的生命周期而已。

再看一个例子：

> • 战争、移民和贸易促进了语言、习俗和观念的传播。

世界上有地缘关系抑或是没有地缘关系的国家、民族和地区，有些语言、习俗和观念有很多相似之处，甚至完全相同。那么，究竟是什么原因造就了这种结果呢？从历史发展中可以看出，这些地区之间至少发生过以下三种情况之一——战争、移民和贸易。

一些被殖民过的国家虽然早已独立，但是却一直保持着原来殖民国家的习俗和观念，甚至保留了殖民国家的语言作为另一种官方用语；还有一些移民国家，原住民的语言、习俗和观念会与移民输出国家的语言、习俗和观念逐渐融合；当然还有一些是由于贸易的需要，比如我国边境的一些居民已经对邻国的语言和习俗谙熟于胸，因为只有这样他们才能自如地和对方做生意，在一些边境的集市上，你甚至无法分辨迎面走来的究竟是哪个国家的人。

3 大概念需要具有一定的迁移性

布鲁纳和他的同事们提出的"迁移"应该是大概念的本质和价值所在：

> 在每个学科领域都有一些基本概念，它们对学者们所研究的内容进行归纳和总结——为这些概念未曾研究的内容赋予了许多意义，同时它们也为许多新问题的处理提供了基本思路……我们认为学者和教师的首要任务就是不断探寻这些概念，找到帮助学生学习这些概念的方式，尤其是帮助学生学习如何在不同情况下使用它们……学会使用这些准则就具备了处理各种问题的能力。

我们看下面的大概念：

> • 艺术创作的内涵重于形式，伟大的艺术家往往打破所谓的传统技法，以便更好地表达他们的思想和感受。

这个大概念是艺术创造中应该秉承的一个重要观念。我们对好的音乐和美术作品的认识，容易停留在高超的技法上。事实上，技法只是艺术表现的基础，真正好的艺术作品并不是以技法的难易来评价和判断的，也不是有了高明的技法就一定能创作出好的作品，那些在人类历史上不朽的作品，往往也并不是技法最复杂的作品，而是思想性最深刻的。

兴起于19世纪60年代的印象派绘画，就反对因循守旧的古典主义和虚构臆造的浪漫主义。在构图上往往较为随意，力求突出画面的偶然性，增加画面的生动性和生活气氛，凸显对内心主观意象的表达。印象派的绘画作品最好都不要近距离参观，因为贴得太近你会发现这些画的色彩支离破碎，好像都没有混合，完全不符合之前传统技法的要求。在19世纪最后30年，印象派成为法国艺术的主流，并影响了整个西方画坛。马奈的《草地上的午餐》、莫奈的《日出·印象》（如图1-12所示）、梵高的《向日葵》（如图1-13所示）都是印象派大名鼎鼎的代表作。

图 1-12　　　　　　　　图 1-13

因此我们可以体会到，这一观点并非适用于哪个门类或哪幅作品，而是适用于所有艺术创造范畴的所有形式，是普适的，具有普遍的指导性。

不妨再看一个例子：

> • 一个地区的地形、气候和自然资源，影响着这里居民的文化、经济和生活方式。

与上面的例子相同，这一大概念的普适性也很强。我们在任何区域地理的学习过程中，都会深刻认识到这一点。反过来，这一观念逐渐在学生头脑中形成后，也会指导着他们去正确认识其他未曾见过的地区中的地理要素与社会要素之间的内在联系。

1.4.3　大概念的主要特征

前面，我们已经对大概念有了基本的了解，这里我们对大概念的主要特征用图1-14进行总结。

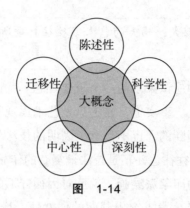

图 1-14

1 陈述性

大概念首先是一个观点明确的陈述性论断，它不应是含糊不清的或口号式的一般性描述，也不应是疑问式的或感叹式的语句。

2 科学性

虽然有的大概念初次听起来并不那么容易被理解和接受，但大概念应该尽量做到科学，经过解释后其观点应该在学科内部被普遍认同，不被质疑。

3 深刻性

学科大概念应该深刻地反映学科内部的规律、准则和本质，具有广阔的解释视野，集中体现具有学科特质的思想或看法，而不是浅显的一般化学科表达。

4 中心性

大概念应该居于学科中心，涉及学科主干与核心内容，它应具有吸附知识的作用。大概念会成为知识的连接点和生长点，学生的学习会因为有这些大概念的存在而被赋予意义，依靠大概念自主学习获得的知识掌握得也更加牢固。

5 迁移性

大概念既依托于学科知识，又不单纯指向某个具体的知识；既来自对学习内容的高度概括但又不依赖这些内容而存在，甚至在学生忘记非本质信息后仍能持续产生影响，具有超越课堂范围的持久价值和迁移价值。

总之，大概念代表了学科本质，是学科课程要培养的核心素养在学科具体内容层面的具体表达，它具有可持续性的价值。如果我们能够围绕大概念进行课程与教学的设计，就能使学生的学习更加深入贯通，帮助学生超越学科知识形成学科观念，让学生像学科专家一样思考和表达，最终使学生形成"带得走的"素养和能力，而不是"背不动的"试卷和书包！

CHAPTER 02

第二章　何来大概念教学

> 第一章我们已经了解了大概念到底是什么、具有什么特点，那么大概念到底从何而来？它经历了哪些发展过程？现今在世界范围内又发展到何种程度了呢？本章将从国外和国内两个视角来呈现大概念的发展历程。

第一节　国外的大概念教学概览

如果我们要为大概念锁定一个"出生地"，那么也许是在美国。

基于大概念架构课程的理念可以追溯到20世纪六十年代。美国认知心理学家布鲁纳提出的建构学习理论，在八九十年代的美国引起了一些学者的讨论。到千禧年前后逐渐涌现出了一些比较成熟的有关大概念的研究结果和著作，并在2010年开始被采纳运用到美国、加拿大、新西兰等国家课程大纲中。本部分将以时间和发展阶段为线索，揭示大概念从产生、发展到被广泛应用的过程。

2.1.1　萌芽阶段

杰罗姆·布鲁纳在《教育的过程》（*The Process of Education*）中强调，学生应该是主动的学习者，通过整理和归纳信息，自己来构建知识体系。同时，教育的目的不是灌输知识，而是协助孩子去思考和解决问题，这种独立思考和解决问题的能力可以被迁移到其他一系列情境中。

1976年，伍德、布鲁纳等人在描述教师如何与学龄前儿童互动以帮助其完成搭积木任务时，第一次提到了后来很著名的"脚手架理论"。⊖

⊖ https://psichologyanswers.com/library/lecture/read/3921-what-is-jerome-bruner-scaffolding-theory.

1978年，布鲁纳对"脚手架理论"做了更明确的定义：**搭建脚手架，是指在孩子完成任务的过程中，为了让其更专注于完成最终目标所需要的高难度技能，而提供的一些减少难度的步骤支持。**[1]

布鲁纳在20世纪六七十年代提出的"主动学习""自主构建""在新情境中迁移"以及"脚手架理论"对后来大概念的提出、讨论、发展以及应用，起到了深远的影响。

以《教育分类学》而闻名于世的本杰明·布鲁姆（Benjamin Bloom，美国教育心理学家）在1981年提出：

> 教育工作中至关重要的一环就是学者和教师要提炼学科领域的抽象大概念，帮助学生运用到各种情境中去解决问题。[2]

2.1.2 发展阶段

20世纪八九十年代，美国出现了一系列有关大概念的研究。1993年，凯瑟琳·福斯纳特（Catherine Fosnot，美国数学教育专家）和狄波拉·希夫特（Deborah Schifter，美国数学教育专家）从数学学科的角度定义了大概念：

> 大概念是数学中居于学科中心的组织性的观点，是定义数学秩序的原则。
>
> 隐藏在方法策略背后的是大概念。大概念与数学学科的核心结构紧密关联，也是学习者思维变化的表征——显示了思考角度、逻辑和建立数学关系方面的变化。在几个世纪以来的不同文化中，数学大概念的发展取得了显著进步——以思维范式的转变为特征。这是因为思想上的结构性变化通常是学习过程的特征。因此，大概念之所以"大"，是因为它们本身是数学中最为关键的观点，同时也因为它们促进了儿童思维结构发展过程中的巨大飞跃。[3]

2.1.3 成熟阶段

千禧年前后，出现了有关大概念的比较成熟、系统的研究。一方面，以威金斯、埃里克森等人为代表的学者在大概念理论方面提出了系统的框架方法；另一方面，查尔斯、哈伦等人分别在数学和科学方面率先提炼出了相对比较完整的大概念体系。

1 威金斯等人的 UbD

第一次系统阐释大概念的学者当属格兰特·威金斯（Grant Wiggins，美国课程改革专

---

[1] https://www.simplypsychology.org/bruner.html.
[2] 王蔷，周密，蔡铭珂. 基于大观念的高中英语单元整体教学设计[J]. 中小学外语教学（中学篇）.2021(01):3-9.
[3] https://davidwees.com/content/teaching-to-big-ideas/.

家）和杰伊·麦克泰格（Jay McTighe，美国课程改革专家）。两人在1998年出版了《追求理解的教学设计》(Understanding by Design)，并于2005年修订后出版了第二版，即广为流传的一个版本。书中对大概念做了这样的阐释：

> "大概念"是重要的、持久的。"大概念"是理解的基础素材，可以被想成是有意义的模式，这些模式使我们将若不联结就会分散的点状知识连结起来。这样的概念超越了个别的知识和技能，得以聚焦更大的概念、原理或过程，这些概念可以应用到学科之内或以外的新情境。⊖

这本书详细阐释了什么是理解，何为追求理解的设计，如何进行逆向设计，提供了操作性很强的教学设计模板。UbD（Understanding by Design）课程设计框架之所以在国际上引起极大的关注，一个重要原因是其灵活性，因而具有很强的地区适应性。威金斯和麦克泰格在书中主要向读者传授课程设计目标。**在单元结束之时，你的学生能够回答什么基本问题（核心问题）？亦即学生可以理解什么核心概念（大概念）。**UbD的逆向设计从结果出发，教学设计流程分为三步：确定预期结果——确定评估证据——规划教学流程。在本书的后面章节还会有关于UbD的详细解读，这里先不做赘述。

2 埃里克森等的《概念为本的课程与教学》

在围绕大概念或者说概念性理解设计课程教学方面，还有两位很重要的美国学者林恩·埃里克森和洛伊斯·兰宁。埃里克森在基于概念性理解的课程与教学探索方面的《概念为本的课程与教学》于2003年由中国轻工业出版社出版。2014年，埃里克森和兰宁出版了 *Transitioning to Concept-based Curriculum and Instruction: How to Bring Content and Process Together*，并于2017年修订了第2版。2018年，华东师范大学出版社将其引进翻译出版，中文译名为《以概念为本的课程与教学：培养核心素养的绝佳实践（第二版）》。这个版本的译作正赶上国内研究大概念为本的课程教学的潮流，因而得到了广泛的传播和讨论。

埃里克森和兰宁在书中对大概念的解读是：

> 抽象概括是持久理解力，即"大概念"。它们是在事实基础上产生的深层次的、可迁移的观念；是对概念之间的关系的表述；与概念具有类似的特征：概括性、抽象性、永恒性（抽象概括的真理性必须不断被验证）、普遍性。例子随不同的情境变化，但都支持抽象概括的真理性。⊜

该书以案例的形式解读了什么是概括（或者说是概念性理解、大概念），提出了内容的结

⊖ 格兰特·威金斯，杰伊·麦克泰格. 追求理解的教学设计[M]. 闫寒冰，宋雪莲，赖平，译. 第二版. 上海：华东师范大学出版社，2016.
⊜ 林恩·埃里克森，洛伊斯·兰宁. 以概念为本的课程与教学：培养核心素养的绝佳实践[M]. 鲁效孔，译. 上海：华东师范大学出版社，2018.

构和过程的结构，并提出了 KUD 模型（即学生应该知道 Know，能够理解 Understand，和能够做到 Do 三方面的目标）。这个模型将在本章后面提到的加拿大"新课程"框架中有所应用。

3 查尔斯等的数学大概念体系

2005 年，兰登·I. 查尔斯（Randall I. Charles，美国加州圣何塞州立大学终身教授）在权威期刊 NCSM（美国国家科学技术委员会期刊）上发表了一篇重要的文章。查尔斯一直致力于基础教育阶段的数学教育以及教师培训，这篇文章是他与同事进行的一项 K-8 数学课程开发项目的成果。用查尔斯的话来说，尽管在此之前大概念已经被学者们讨论了一段时间，但是一直没有成为课程标准以及教与学和评价方面的主流话语。他认为，越来越多的证据证明运用大概念的重要性，因此在 2005 年发表的长达 16 页的论文中，他全面论述了大概念的定义、大概念的意义、大概念可以被应用的领域。查尔斯为大概念下的定义是：

> 一个大概念是一个居于数学学科核心的观点或者陈述，能够把很多个有关数学的理解联结为一个连贯的整体。○

查尔斯提出，大概念应该具有三个特征。首先，它应该是**一个观点或者陈述**；其次，它必须对学习数学起到**核心作用**；最后，它必须具有**连结性**，能够将许多细节性的理解连结成为整体。

在论述大概念的重要性时，查尔斯提出："当我们将新知与已知建立关联时，才能真正理解新知识，而新旧知识之间的联系的数量和强度则决定了我们理解的深度"。查尔斯论述道，正因为大概念具有很强的连结性特点，他们能够帮助我们更好地建立连结，从而将学科理解为一个整体，因而大概念具有极其重要的地位。

除了解读大概念的定义、重要性，更重要的是，查尔斯概括了中小学数学教学中的 21 个大概念，并详细解读了这些大概念的具体内容。查尔斯在与同事共同概括这 21 条大概念的过程中，意识到不太可能概括出能够让所有数学家和数学教师都同意的一套标准大概念体系，但他认为，也没有必要非要达成这种共识。相反，他率先概括出的数学大概念体系可以作为数学教育者们讨论的起点，并不断完善。正如他所期盼的一样，这 21 个大概念在 2015 年被剑桥大学数学系援引，并为其添加了 2 条大概念，继而形成了 23 条比较全面概括中小学数学课程的大概念。○（扫描封面上的二维码，就可以查看 2015 年剑桥大学补充后的 23 条数学学科大概念，相信它对于我们提炼本土化的数学大概念也会有启示作用。）

4 哈伦等的科学教育大概念体系

用"大概念"来作为框架引领课程、教学和评价，最初起源于科学教育领域的现实需

○ https://www.jaymctighe.com/wp-content/uploads/2011/04/MATH-Big-Ideas_NCSM_Spr05v73p9-24.pdf.

○ https://www.cambridgemaths.org/questions/big-ideas/.

要。多年来，科学教育领域有一种呼声——拓展学习深度，减少毫无关联的分散知识。因为全世界的科学课程普遍存在的问题是，内容过多且过于分散，学生没有足够的时间去理解；同时，科学课程的评价模式以考试形式为主，通常考察的是学生对零散科学知识的记忆，而不是鼓励理解。最终导致很多学生觉得科学课程枯燥乏味，且与自己的生活毫无关联。

温·哈伦等人认为，改变这一现状的主要解决办法是将科学教育的目标不再看作是学习一堆事实和原理，而是去理解那些数量很少却最值得了解且与学生生活息息相关的核心科学观点。这样的一连串核心观点能够为课程开发者和教师提供一幅课程"地图"，帮助他们从海量的学习资源中做出精确的选择，从而为学生带来有意义的学习体验。只有通过做"减法"，减掉那些需要死记硬背的东西，留下科学中最核心的观点，让这些观点在学生生活中发挥作用，甚至可以影响他们走出校园后的生活，才能彻底扭转科学教育在学生心目中的刻板印象。

因此，提炼大概念来重建一个更为精简、也联系更为紧密的课程框架是大势所趋。那么哪些大概念才是学生在科学课程中必须要了解、能够帮助他们去理解自然世界的呢？为了回答这个问题，2009 年，一批来自世界各地的科学家、科学教育者、工程师齐聚苏格兰，召开了一次重要的国际研讨会。这场持续了两天半的研讨会结束后，一本影响深远的书问世了——《科学教育的原则和大概念》(*Principles and Big Ideas of Science Education*)。这本书是众多科学家、工程师和科学教育教师共同努力的成果，主编为温·哈伦。2010 年正式发表之后，即被翻译成多种语言，流传甚广，被欧洲的科学教育从业者们奉为经典。（扫描封面上的二维码，查看《科学教育的原则和大概念》这本书的全文。）

2014 年 9 月，2009 年参加具有里程碑意义的科学教育国际研讨会的同一批科学家和教育家们又聚在一起，召开了第二次会议，重新审视了五年前编写的《科学教育的原则和大概念》，并在会议结束后整理出版了一本新书。首先，专家们解答了《科学教育的原则和大概念》2010 年出版后读者提出的一些疑问，例如为什么科学教育要选择 STEM？为什么这本书提炼的大概念是在跨学科层级而不是更高或者更低的层级？其次，专家们根据读者的反馈重新检验了概括大概念的标准和方法，并对第一个版本的大概念进行了微调，写下了更为精准的 14 条大概念——10 条科学内容大概念（Ideas of science，例如"宇宙中所有的物质都由微小颗粒组成"）和 4 条关于科学的大概念（Ideas about science，例如"科学知识被用于工程和技术来创造满足人们需求的产品"）。不仅如此，这本书还对每一个大概念给出了更为详细的解读和教学指导，即不同年龄段的学生应该对这一个大概念理解到什么程度。例如，在"宇宙中所有的物质都由微小颗粒组成"这一大概念的解读中，编者们列出了四个年龄段：5~7 岁，7~11 岁，11~14 岁，14~17 岁。并对每一个年龄段的大概念理解程度做出了详细的阐释。⊖

2015 年，这本更新修改后的书以 *Working with Big Ideas of Science Education* 的名字出

⊖ https://www.interacademies.org/sites/default/files/publication/working_with_big_ideas_of_science_education_-_online_july_final.pdf.

版。2016年，科学普及出版社将其引进翻译出版，中文译名为《以大概念的理念进行科学教育》，此书对国内科学教育界影响颇大。在这本书最后列出的参与两次国际研讨会和科学课程大概念编写的专家名单中，也有我国教育部前副部长、东南大学前校长、一直致力于科学教育事业的韦钰院士。

5 查莫斯STEM课程大概念研究

提到澳大利亚有关大概念的研究，最引人关注的当属昆士兰科技大学教育学院的克里斯提娜·查莫斯（Christina Chalmers）团队在STEM课程方面的研究。2017年，查莫斯等人在《国际科学与数学教育》期刊上发表文章《运用大概念来深入推进STEM课程中的教与学》（Implementing "Big ideas" to Advance the Teaching and Learning of Science, Technology, Engineering and Mathematics）。

在这篇文章中，查莫斯等人提出可以在STEM课程中运用三种类型的大概念：**学科内大概念（within-discipline big ideas），跨学科大概念(cross-discipline big ideas)和更统摄性的大概念（encompassing big ideas）**。除此以外，查莫斯等人还提供了包括"**集中性原则、意义性原则、多视角原则、模型构建原则、模型解释原则和多迭代原则**"的六要素框架来帮助教师搭建脚手架设计整合的STEM课程单元。在评估方面，查莫斯等还提供了包括**收集、展示、呈现、论证（collect-present-represent-demonstrate）四种评估工具**。具体来说，收集是指收集学生完成任务过程的作品；展示是指为学生提供展示模型、解释原理、介绍解决方案的机会；呈现是指学生利用工具呈现学习过程中对大概念的理解程度；论证是指使用访谈、测评等方式评估论证学生的理解程度。这些评估工具包含了形成性评价和终结性评价两种类型，共同构成大概念学习落实的评价系统。

2.1.4 应用阶段

经过几十年的发展，大概念框架结构在21世纪的第二个十年开始逐渐被越来越多的国家和地区应用到课程中。

1 新西兰

新西兰几乎是最早将大概念应用到课程中的。新西兰在国家课程中指出："**大概念是希望我们的学生在离开学校之后，仍然能够长久地记得的那些主要观点和理解。**"（Key concepts are the big ideas and understandings that we hope will remain with our students long after they have left school）。在新西兰教育部的课程中进行查询会发现早在2010年就已经开始使

⊖ https://eprints.qut.edu.au/112917/.

⊖ https://seniorsecondary.tki.org.nz/Social-sciences/History/Key-concepts.

用"大概念"作为课程架构的工具。与后来美国、加拿大等地将大概念细化到每个年级每个学科的具体内容中不同，新西兰的课程中提出的大概念比较简短凝练且不分年级学段。

以历史学科为例，大概念从意义（significance）、持续性与变化（continuity and change）、因果（cause and effect）以及角度（perspective）四个方面构建，每个方面提供了一个或一组大概念。

- 意义

历史学家权衡过去事件、主题和问题的重要性、持久性和相关性，以及如何利用过去为现在提供参考；历史学家争论什么是重要的历史事件，并讨论衡量某一事件是否重要的标准是如何变化的。

- 持续性与变化

历史考察随着时间的变化以及变化时期的持续性。历史学家使用年表将发展情况放在历史语境中。历史学家辩论什么发生了变化、什么保持不变以及这些变化的影响。

- 因果

历史学家调查历史事件的原因和结果；他们辩论过去事件的起因，以及这些事件如何影响人们的生活和社区。历史学家研究事件之间的关系，以确定普遍的主题、思想和运动，例如恐怖主义、革命和移民。

- 角度

关于过去（无论现在还是未来）一直有多种观点。关于历史的解读是有争议的。历史学家将其论据建立在历史证据的基础上，并从各种角度得出结论。[①]

新西兰的各学科课程大概念从2010年开始也在不断更新，最近的一次更新在2017年，但其模式和体例一直没有变化，各学科均是围绕某个关键词来提炼一个或一组大概念，以此作为本学科不分年级学段的统领性大概念。

2 美国科学教育

美国《新一代科学教育标准》（Next Generation Science Standards）于2013年4月9日发布。新标准在美国《国家科学教育标准》（The National Science Education Standards）的基础上有了较大改进。新标准是在2011年7月正式发布的美国《K-12科学教育框架：实践、跨学科概念和核心概念》（K-12 Science Education Practices, Crosscutting Concepts, and Core Ideas）的基础上制定的。

《新一代科学教育标准》明确提出了三个维度的标准。三个维度包括：科学和工程操作、学科内核心观点及跨学科概念（Science and Engineering Practices, Disciplinary Core Ideas, Crosscutting Concepts），如图2-1所示。第一维度是学科基本操作，包括学科基本

---

① https://seniorsecondary.tki.org.nz/Social-sciences/History/Key-concepts.

知识、技能等**事实性知识和操作**；第二维度是基于学科内知识整合的核心概念与方法，即**学科内核心观点或基本问题**；第三维度是基于跨学科内容整合的概念或主题，即**跨学科概念或共通概念**。除了事实性知识和操作，上述第二、三维度的学科核心概念或基本问题、跨学科概念或共通概念和哲学观念等都属于大概念范畴。

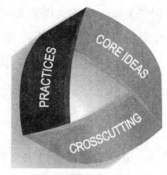

图 2-1

《新一代科学教育标准》以表格形式呈现，为每个年级、每个学科范畴指定了课程标准。以二年级《地球系统》（*Earth Systems*）课程标准为例，具体表述见表 2-1。[○]

表 2-1

表现出理解的学生应该能够做到： 提供证据证明观点，说明植物和动物（包括人类）如何改变环境来满足他们的需求 （学生提供的植物、动物改变环境的例子，如：松鼠在地上挖洞来隐藏食物）		
科学和工程操作（Science and Engineering Practices）： 从证据得出论点：用证据支持自己的观点	学科内核心观点（Disciplinary Core Ideas）： 1. 生物地质学： 　植物和动物可以改变他们的环境 2. 人类对地球系统的影响： 　人类为了舒适地生活而做的事情会影响周围的环境。但人类可以选择减少对土地、水、空气和其他生物的影响	跨学科概念（Crosscutting Concepts）： 自然界和非自然界的系统有一部分是协作的

通过以上例子我们可以看到，2013 年美国提出的《新一代科学教育标准》中，就已经采用了学科内和跨学科概念的层次结构。

3 英国课程改革

2009—2014 年，哈伦等学者合力编写的《科学教育的原则和大概念》在科学教育领域引发了一场革命性的理念转变风潮。用哈伦的话来说，"需要重建课程的不仅仅只有科学"。像科学教育最初面临的困境一样，课程内容只有广度没有深度、内容缺少关联性、过度考察死记硬背知识的批评声存在于很多学科中。

因此，英国威尔士政府决定重新修订所有课程，试图建立一个基于大概念的课程框架。2015 年，格林汉姆·唐纳森（Graham Donaldson，英国格拉斯哥大学教授）向威尔士政府提交了名为《成功的未来》（*Successful Futures*）的报告。这份报告成为威尔士课程变革的关键指导。在报告中唐纳森提出，可以将课程划分为六大学习领域（艺术、健康、语言、交流、数学、科学技术）和三大跨学科能力（识字能力、算术能力和信息社会技术能力）。2020 年 9 月，威尔士发布了新课程，并计划在 2022 年开始逐步推行，在 2026 年全面替代

○ https://www.nextgenscience.org/search-standards.

原有的发布于 1988 年的课程体系。○

再如，苏格兰的教学大纲中用"我可以……"来描述学习目标，也是结果导向的，与大概念的提炼有异曲同工之妙。例如，我能够设计实验来探究植物需要什么才能生长。我能够观察和记录我的发现，并且通过我学到的内容可以在学校里种出健康的植物。○

4 加拿大"新课程"

加拿大没有全国统一的课程标准，各个省均设有教育部，对本省的教育具有自主决定权。2016 年，英属哥伦比亚省率先推出了名为"构建学生成功（Building Student Success）"的"新课程（New Curriculum）"。

加拿大的新课程汲取了研究者总结出的模型，包括前文提到的威金斯和麦克泰格提出的 UbD 深度学习理论架构课程以及埃里克森和兰宁提出的 KUD 模型等，将大概念全面写入省级课程标准。○ 在其新课程改革中，明确提出了对大概念的描述：

> "大概念是对一个学习领域的理解至关重要的陈述。大概念是广泛而抽象的，所包含的关键概念通常不受时间限制且可以迁移到其他情境中。大概念是在某个学习领域中起到架构知识作用的关键的概念、原则、理论。大概念是对于某个学习领域或跨学科至关重要的观点，并能够将众多的理解联系成一个连贯的整体"。○

登录英属哥伦比亚省教育部的网站，可以查到包括科学、外语、职业生涯教育等 11 门课程从幼儿园到 12 年级的课程标准。每一门课程的课程标准都由 3 部分组成：**大概念（Big Ideas）**、**课程能力（Curricular Competencies）**和**课程内容（Content）**。

大概念即学生需要理解什么（Understand），课程能力即学生能够做什么（Do），课程内容即学生需要知道什么（Know），这样的课程架构恰好呼应了《以概念为本的课程与教学》中的 KUD 模型。○

下面让我们以科学课程为例（根据 2019 年 7 月的最新修订版本），具体了解该省课程体系是如何在大概念、课程能力、课程内容三方面进行架构的。

- **大概念（Big Ideas）**

幼儿园（K）到 10 年级的大概念都从生物、化学、物理、地球/空间四个分学科来阐释，每个年级每个学科各一个大概念，共 4 个大概念，见表 2-2。

○ https://gov.wales/sites/default/files/publications/2018-03/successful-futures.pdf.

○ https://education.gov.scot/Documents/sciences-eo.pdf.

○ https://ncee.org/country/canada/.

○ http://nvsd44curriculumhub.ca/big-ideas-list/.

○ https://ncee.org/quick-red/building-student-success-british-columbias-new-k-9-curriculum/.

表 2-2

年级	生物	化学	物理	地球/空间
K	植物和动物都有可观察的特点	人类每天都通过熟悉的物品与物质互动	物体的运动取决于其性质	日常和季节变换影响着所有生物
1	生物有帮助它们在环境中生存的特点和行为	物质因为自己的特性而有用	声、光可以被产生并改变性质	可观察的模式和循环存在于不同的地空环境
2	有适应它们环境的生物生命周期	物质可以通过物理或化学过程而被改变	力影响物体的运动	水对所有生物都很重要，并且在环境中循环
3	生物是多样的，可被分类的，并且在自己的生态系统中互动	所有物质都是由粒子构成的	热能可以被产生和转换	风、水和冰改变大地的形态
4	所有生物都能感知并回应环境	物质有质量，需要占用空间，并且可以改变相位	能量可以被转换	地球和月球的运动引起了可观察到的模式，影响着生命和非生命系统
5	多细胞生物具有器官系统，能够帮助它们在环境中生存和互动	溶液具有相似的化学性质	机器是转换力和能量的工具	地球上的物质随着岩石循环运动而改变，并可作为自然资源
6	多细胞生物依赖内部系统来生存、繁殖并与环境互动	日常材料通常是混合物	牛顿的三大运动定律描述了力和运动之间的关系	太阳系是银河系的一部分，而银河系是数十亿个星系之一
7	自然选择进化论为生物多样性和生物的生存提供了一种解释	元素由一种类型的原子组成，而化合物由不同类型的原子化合而成	电磁力既产生电力又产生磁性	地球及其气候随着地质时间而变化
8	生命的过程是在细胞水平进行的	物质的运动可以用动力学分子理论和原子理论来解释	能量可以被转换，既可以作为粒子也可作为波	板块构造学说是解释地球地质流程的统一理论
9	细胞源自细胞	原子的电子排列影响其化学属性	电流是电荷的流动	生物圈、地圈、水圈和大气相互联系，因为物质通过它们循环，能量通过它们流动
10	DNA 是生物多样性的基础	能量转换是必要的，因为原子在化学过程中重排	能量是守恒的，它的转换会影响生物和环境	宇宙的形成可以用大爆炸理论解释

11、12 年级的科学课程大概念则更加具体，细分为化学、物理、地球科学、环境科学、生命科学、公民科学（science of citizens，主要内容为如何基于科学知识做出考虑到环境和社会等宏观影响的个人选择）六个学科，每个年级每个学科下都有多个大概念。例如，11 年级化学学科就有 5 个大概念。[1]

• 课程能力（Curricular Competencies）

课程能力，简而言之就是学生可以做什么事情，类似于"学习目标"。从六个方面对不同年级学生提出了要求，分别是：**提问和预测（questioning and predicting），计划和实施（planning and conducting），处理和分析数据及信息（processing and analyzing data and information），评估（evaluating），应用和创新（applying and innovating）以及沟通（communicating）**。

---

[1] 具体的大概念，读者可以登录英属哥伦比亚省教育部官网 https://curriculum.gov.bc.ca/ 查看。

- 课程内容（content）

具体指学生要掌握哪些知识，类似于我国的"教学大纲"。

具体的课程内容与大概念对应，K-10 年级分别从生物、化学、物理、地球/空间四个学科分别阐述。

通过上述科学学科的例子，我们可以发现，加拿大以英属哥伦比亚省为代表的大部分地区在使用大概念进行课程架构方面已经有了比较完善的体系。**基于 UbD 的框架和 KUD 模型，从大概念、课程能力、课程内容三方面构建课程**。具体到为幼儿园到 12 年级的每个年级每个学科都确定了明确的大概念，以及与之相匹配的能力标准和学习内容。

加拿大虽然没有课程方面的国家标准，但各省的教育部共同加入了"加拿大教育部长联合会"（Council of Ministers of Education, Canada，简称 CMEC）。CMEC 旨在通过合作共同追求更好的教育实践。因此，英属哥伦比亚省的新课程对于其他各省的教育起到了示范作用，例如安大略省也开始推行类似的课程改革。英属哥伦比亚省曾计划 2020 年全面铺开新课程，目前计划时限已到，本书作者尚未查阅到相关实践经验或成果。一旦该省的实践效果良好，相信加拿大各省在不久的将来也会纷纷进行围绕大概念的课程架构变革。

5 美国宾夕法尼亚州课程框架

美国宾夕法尼亚州教育部门发布的课程框架将大概念列为首要课程组成部分。

宾夕法尼亚州教育部开发的"标准联合系统 Standards Aligned System（SAS）"将课程框架（Curriculum Framework）的内容划定为四个方面：**大概念（Big Ideas）、概念（Concepts）、能力（Competencies）和核心问题（Essential Questions）**。具体的定义解读为：

> 大概念：超越年级限制的陈述性概念表达。大概念对于为所有学生提供学习内容的焦点至关重要。
>
> 概念：针对不同年级，描述学生应该知道（should know）的核心知识。
>
> 能力：针对不同年级，描述学生应该做到（should do）的技能。
>
> 核心问题：与大概念紧密联系的问题。帮助学生在学习中提问、推动批判性思考、协助学生转化生成学习成果。○

在 SAS 系统中可以找到宾夕法尼亚州 K-12 所有年级、所有学科的课程框架，均包括上文提到的大概念、概念、能力和核心问题，但不同学科的大概念数量不同，有的学科每个年级只有 1 个大概念，有的学科则每个年级有几个大概念。

以 8 年级历史为例，该年级历史学科只有 1 个大概念：对过去的研究为我们提供信息，帮助我们做出自由民主的决定。与这个大概念对应的有四个核心问题，每一个核心问题

○ https://pdesas.org/CMap/Cframework/.

分别对应一部分学习范畴。(扫描封面中的二维码，可以看到本书作者翻译的完整版大概念、核心问题及学习范畴。)与2016年加拿大英属哥伦比亚省提出的大概念框架体系相比，2017年美国宾夕法尼亚州的框架体系中大概念数量多、内容更为具体。

6 澳大利亚

澳大利亚的教育也主要由各州或地区独立负责。21世纪初，澳大利亚开始尝试研究国家统一的课程标准。2009年，澳大利亚课程、评估与报告机构（The Australian Curriculum, Assessment and Reporting Authority）成立，负责监督澳大利亚国家课程的制定，并开始着手编写高中课程。2010年，科学领域（包括物理、化学、生物、地理学科）初级草案推出。该课程体系在课程内容部分就使用了一些大概念的表述方式，例如：

> 科学是一项全球性的事业，依赖于清晰的沟通、国际公约、同行评价和其可重复性。
> 系统之间或系统内的热量传递主要通过热传导、热对流和热辐射。⊖

7 其他应用地区

2018年国际经济发展与合作组织对世界上30个国家和地区的中小学课程做了调查，发现有57%的国家和地区在课程中运用"大概念"或"关键概念"来重新组织学科知识和内容。⊜

大概念的理念、基于概念理解的课程架构，经过几十年的理论发展以及近20年的实践，正越来越被国际认可为主流课程设置思路，相信在不久的未来，会有更多的国家和地区在课程中使用大概念。

第二节　我国的大概念教学演进

有人称大概念为"舶来品"。的确，大概念在国内的讨论最近几年才兴起。不同于大概念在国外的"先有学界广泛探讨，再写入官方课程标准"的发展路径，大概念在我国的演变发展较早地开始于官方课程标准。本部分将按照时间和发展脉络，将大概念在我国的演进分为三个阶段。

2.2.1　引入阶段

正如本章2.1.3节中所提到的，哈伦等人编写的《科学教育的原则和大概念》，以及埃

⊖ 王俊民，夏煜明. 基于核心素养的学科课程设计研究——以澳大利亚物理课程为例 [J]. 教育参考，2020(06)：44-50.

⊜ OECD. Education and Skills 2030: Curriculum Analysis.2018.

第二章 何来大概念教学

里克森的《概念为本的课程与教学》在十几年前就有早期的译本引入我国,但当时并未引起很大的反响,且没有中国本土学者发表有关大概念的观点。因此严格来说,国外大概念著作的引进还不能算做大概念正式进入中国教育界的标志。有个别学者在文章中提过大概念,但大多聚焦于某个方面,尚未全面铺开对大概念的广泛讨论。

国内对大概念教学的关注,始于科学教育。2013年,北京师范大学物理系郭玉英等发表《整合与发展——科学课程中概念体系的构建及其学习进阶》,该文章聚焦于国内科学教育的发展变革,并提出引入大概念这一想法。[一]在文章中,她提及了国外科学教育领域有关大概念的讨论研究,论述了大概念的意义内涵和在一些国家的应用。对于我国如何引入大概念,如何围绕大概念进行课程架构,没有深入讨论。除此之外,一些科学教育界的一线教研员和教师也关注到了大概念教学,并进行了一些探索。例如,2015年,浙江省杭州市拱墅区教育局教研室万嵩海在《中国教师》上发表《例说基于大概念的小学科学教学》,该文章提及了哈伦等人编写的科学大概念,以及2013年美国发布的《新一代科学教育标准》,并结合本土教材和学情简单讨论了对小学科学教学的一些启发。但这些研究尚未系统地研究大概念教学。

目前可以查到的较早的有关大概念的比较全面研究的文章,包括2015年华东师范大学崔允漷在《上海课程教学研究》上发表的《论大观念及其课程意义》。这是国内学者在论文中比较早地提及大概念或大观念,即与国外研究者们相同话语体系中的大概念。这篇文章由于没有与我国现行的课程架构和主流话语体系发生关联,似乎也没有引起太大的注意。2017年,浙江工业大学邵朝友与崔允漷合作,在《全球教育展望》上发表《指向核心素养的教学方案设计:大观念的视角》。这篇文章在学术搜索引擎中的下载和引用数量很高,如果溯源大概念在国内引入的历史,这篇文章也许可以作为一个标志。那么大概念为何此时会引起研究界和教育界的关注呢?背后原因很值得思考。大概是因为作者将国内教育界不熟悉的"大概念"与熟悉且迫切需要实现的"核心素养培养"关联了起来。邵朝友与崔允漷两位作者在论文的开篇即点出,随着《中国学生发展核心素养》的正式出台,"核心素养"这个广受人们青睐的热词被推向新的高度,将成为未来学校教育的主流话语,而从大观念的角度探讨学科课程教学方案的设计,是希望为实现"核心素养"的落实提供"探索性的思路或框架"。[二]

由此可见,大概念能够被"进口"到国内,最初是搭上了中国教育界急切发展"核心素养"的快车。大概念就这样被憧憬为一种帮助实现核心素养培养的思路和框架,进入了中国教育界的话语体系。

[一] 郭玉英,姚建欣,张静.整合与发展——科学课程中概念体系的构建及其学习进阶[J].课程·教材·教法,2013(02):46-51.

[二] 邵朝友,崔允漷.指向核心素养的教学方案设计:大观念的视角[J].全球教育展望.2017(06):13-21.

2.2.2　写入课程标准

《普通高中课程方案（2017年版2020年修订）》明确指出"**重视以学科大概念为核心，使课程内容结构化，促进学科核心素养的落实。**"[一]普通高中语文等学科课程标准（2017年版2020年修订）中均出现了"大概念"。

例如，《普通高中历史课程标准（2017年版2020年修订）》在"教学与评价建议"中提出，教师可以"设计新的综合性的学习主题"，根据学生的学习情况，对教科书的顺序、结构进行适当的调整，将教学内容进行有跨度、有深度的重新整合。[二]

再如，《普通高中生物学课程标准（2017年版2020年修订）》的"基本理念"中指出，**课程的模块内容聚焦大概念，精简容量、突出重点、切合年龄特点、明确学习要求，确保学生有相对充裕的时间主动学习，让学生能够深刻理解和应用重要的生物学概念，发展生物学学科核心素养。**[三]因此，在课堂教学时，教师需要紧紧围绕核心概念展开一系列的教学活动，让学生在解决问题的过程中逐步形成生物学概念。

需要指出的是，2017年版2020年修订的普通高中各学科课程标准中，把核心素养具体分解为"**学科核心素养**"；而《义务教育课程方案（2022年版）》表述为"**课程应着力培养的核心素养**"[四]且一些学科的课程标准中提供了核心素养在本学科不同学段的具体表现。虽然表述方式不同。但《普通高中课程方案（2017年版2020年修订）》与《义务教育课程方案（2022年版）》中使用的具体学科关键词在本质上是类似的，甚至一些学科在用词上是完全一致的。

值得注意的是，虽然《普通高中课程方案（2017年版2020年修订）》中使用了"大概念"这一术语，但并未对大概念进行具体的解读，也并未提供各学科、分学段的大概念列表供参考。这一点与本章2.1.4节中提到的美国、加拿大等国的情况是不同的。

2.2.3　讨论与实践阶段

1 理论探讨

大概念在通过课程标准正式进入中国教育视野之前，中国的广大教育学者们对其内涵的理解几乎不能与国外学者对话，虽然认同大概念是高度抽象的概念，但仅仅认为大概念是指"范式、元学习"等教育学研究领域的相对含义较大的概念，是"高度形式化、具备

[一] 中华人民共和国教育部制定.普通高中课程方案：2017年版2020年修订[M].2版（修订本）.北京：人民教育出版社，2020.

[二] 中华人民共和国教育部制定.普通高中历史课程标准：2017年版2020年修订[M].2版（修订本）.北京：人民教育出版社，2020.

[三] 中华人民共和国教育部制定.普通高中生物学课程标准：2017年版2020年修订[M].2版（修订本）.北京：人民教育出版社，2020.

[四] 中华人民共和国教育部制定.义务教育课程方案：2022年版[M].北京：北京师范大学出版社，2022.

认识论与方法论层次意义、普适性极强的概念"。① 可以说，在 2015 年之前，国内对大概念的认知是非常局限的，"大概念"只是一个相对"大"的"概念"，而没有深入研究在课程中实现概念性理解方面"大概念"的内涵。

从 2018 年开始，在 2017 年版普通高中课程标准的引领启发下，国内有关大概念的探讨越来越热烈，一些有关大概念与落实核心素养和 2017 年版课程标准方面的话题被当作科研课题来研究。在中国知网检索"大概念"这一主题，可以看到数量可观的期刊论文和学位论文，以及不少会议、报纸、图书上的文章。学者们对于大概念的定义、内涵、地位、意义、实践应用等诸多方面的思考一直在不断更新。

关于"大概念是什么"的讨论

北京师范大学王蔷对大概念的内涵讨论进行过比较全面的总结：

> 从学科本质看，大概念是反映学科本质的核心知识、思想和价值。
> 从课程内容看，大概念是连结教学内容的核心概念架构。
> 从过程与方法看，大概念是统摄教与学过程的原则和方法。②

具体来看，王蔷等认为大概念是从零散概念中统整或提炼出来的统摄性概念，集中体现学科本质性的思维方式和关键观点，是"学生深入挖掘学科内核的概念锚点"。

北京教育学院教学与科学教育学院顿继安、何彩霞认为，大概念是能反映学科本质，居于学科中心地位，具有较为广泛的适用性和解释力的原理、思想和方法。③

东北师范大学李刚、吕立杰认为，大概念是基于学科的基于结构和方法，指向具体知识背后的核心内容，可以对宏观层面的认知框架、中观层面的课程线索和微观层面的教学设计做出贡献。④

关于"大概念什么样"的讨论

福建师范大学余文森将大概念的地位概括为"位于学科知识金字塔的顶端，极具抽象性、概括性、包容性"。⑤

华东师范大学崔允漷认为，围绕大概念开展教学的教师能从更统摄性的角度，将凌乱的知识点串成线、连成片、织成网，纳入知识结构，从而形成一个系统、完整的单元知识体系。

东北师范大学教育学院李刚、吕立杰结合国外学者的研究，概括总结了大概念的四个

---

① 赵康. 大概念的引入与教育学变革 [J]. 教育研究，2015（02）：35-42.
② 王蔷，周密，蔡铭珂. 基于大观念的高中英语单元整体教学设计 [J]. 中小学外语教学（中学篇），2021（01）：3-9.
③ 顿继安，何彩霞. 大概念统摄下的单元教学设计 [J]. 基础教育课程，2019（18）：8-13.
④ 李刚，吕立杰. 国外围绕大概念进行课程设计模式探析及其启示 [J]. 比较教育研究，2018（09）：37-45.
⑤ 余文森. 论学科核心素养形成的机制 [J]. 课程·教材·教法，2018（01）：6-13.

特征，并用英文 Centrality, Enduring, Network, Transferable 来概括，首字母简称为 CENT，因而李刚等称之为"大概念币"。李刚和吕立杰将这四个特征具体描述为：

中心性（Centrality）。大概念位于学科的中心位置，大概念之间相互连结、共同构成了学科的连贯整体，体现了学科本质和学科结构。

可持续性（Enduring）。大概念是对学科的深入理解，是学生在学习过程中持续思考、沉淀下来的，是经验和事实性知识被忘记后还剩下的部分。因此大概念具有可持续性，可以在学生走出学校后依然记得并应用的核心概念。

连结性（Network）。大概念不是一个个孤立存在的，而是以互相关联、紧密联系、共同构成学科大概念网络。大概念可以在学科内连结，也可以跨学科连结。

可迁移性（Transferable）。大概念可以被应用于学科内甚至跨学科的新情境，还可以被应用于学校和学习之外的情境。[一]

关于"如何实现大概念"的讨论

北京教育学院数学与科学教育学院顿继安、何彩霞将大概念与单元教学联系起来。他们在文章中指出，传统课时教学模式导致知识的碎片化呈现，单元教学克服了这一缺点并成为近年来我国教育界关注的热点。随着中国学生发展核心素养的落地，单元设计更被认为是撬动课堂转型的一个支点。他们提出，"有意义的单元教学设计需要围绕大概念进行"，因为解决教学碎片化的根本路径应该是教师厘清课时教学内容之间的关系，亦即看到具体知识背后的大概念，进而围绕大概念组织教学。关于围绕大概念开展大单元教学，他们概括提炼了四个步骤：(1) 以大概念为视角分析教学内容确定单元；(2) 围绕大概念系统规划进阶式教学目标；(3) 确定单元教学结构；(4) 实施单元教学评价。[二]

东北师范大学教育学院李刚、吕立杰在参考了本章 2.1.3 节中提到的威金斯等人在《追求理解的教学设计》中提出的 WHERETO 原则、查莫斯等人在围绕大概念的 STEM 课程研究中提出的 CPRD 评价系统等基础上，总结提炼了课程单元开发的七步框架：①选择单元主题 Topic；②筛选大概念群 Big ideas；③确定关键概念 Key concepts；④识别主要问题 Questions；⑤编写单元目标 Objectives；⑥开发学习活动 Activity；⑦设计评价工具 Assessment。[三]

对国外相关研究的批判性思考

邵朝友和崔允漷 2017 年合作发表的《指向核心素养的教学方案设计：大观念的视角》一文，就曾对国外有关大概念研究的主流作者观点进行了思考与辨析。他们认为，哈伦等人在 2010 年提出的科学教育的 10+4 个大概念，与威金斯在《追求理解的教学设计》中讨论的大概念是有所不同的。哈伦等人探讨的是中观层面的课程问题，用大概念作为课程目

[一] 李刚，吕立杰. 国外围绕大概念进行课程设计模式探析及其启示 [J]. 比较教育研究，2018 (09)：37-45.

[二] 顿继安，何彩霞. 大概念统摄下的单元教学设计 [J]. 基础教育课程，2019 (18)：8-13.

[三] 李刚，吕立杰. 大概念课程设计：指向学科核心素养落实的课程架构 [J]. 教育发展研究，2018 (Z2)：41-48.

标的思路重构新的科学教育体系；而威金斯等人的探讨主要是在微观层面，即在基于课程标准的前提下，用大概念的方法、UbD 的逆向设计思路来探讨单元或主题的设计。邵与崔二人这样评价这两个影响深远的大概念研究："就大概念本身而言，前者比较严密，后者相对松散，前者的贡献在课程领域，后者的贡献在教学领域。"[一]对国外相关研究的主流观点进行辩证思考，是深入理解大概念，并在中国语境下进行本土化适应运用的前提。

2 实践研究

2018 年以前，围绕大概念的课程设计在我国几乎处于空白状态，可以说，是在大概念出现在国家课程标准中以后，才真正引起了关注，引发了实践和尝试。

不同于美国、加拿大等较早开展大概念研究的国家，我国 2017 年版 2020 年修订的普通高中课程标准虽然提到了要以大概念为核心，却并没有详细展开阐释大概念的定义，也未提供各学科各学段的大概念列表或示例。因而，目前围绕大概念进行的教学尝试，都是不同的教育研究者或一线教师自己摸索提炼的。大概念在基础教育界的实践是近几年才开始的，主要以分学科的散点式的探索为主，例如围绕某个学科某个教学内容的大概念提炼，围绕大概念的单元设计。

大概念进入中国教育界且引起关注，很大程度上是由于与本土主流话语体系发生了关联，那么接下来我们不妨从大概念本土化应用的视角来了解大概念近 2~3 年的应用实践。

大概念与核心素养

2017 年版 2020 年修订的普通高中课程标准以及 2022 年版的义务教育课程标准中，各个学科都以关键词的形式提出了本学科课程要培养的核心素养。同时，在课程标准中明确表示，要以学科大概念为核心，使课程内容结构化；以主题为引领，使课程内容情境化，促进核心素养的落实。由此可见，课程标准将大概念与核心素养进行了关联，因此在大概念教学实践中，大概念与核心素养是紧密联系的。

实际教学中，由于课程标准中几乎没有对大概念的系统概述，一线教师只能自己尝试提炼大概念，而概括大概念的一个重要的基本出发点则是本学科课程要培养的核心素养。最近两三年，从省级重点学校到县城普通学校的很多一线教师尝试从学科课程要培养的素养的关键词出发，组织成观点、句子来提炼大概念，甚至尝试总结提炼大概念的方法、策略、规律。可见，大概念虽然在中国教育界起步晚，但近两三年引发的讨论和实践非常热烈。各学科的基础教育期刊都可以找到相当多数量的基于实践的论文，详细记录和阐释一线教师是如何从学科课程要培养的核心素养出发，提炼大概念，并围绕大概念设计指向学科素养的课程。

在大概念与核心素养关系探索方面，我们从广大教师的实践记录中可以发现，他们普遍将学科课程要培养的核心素养作为目标，将大概念作为实现核心素养的手段、桥梁、方法。

[一] 邵朝友，崔允漷. 指向核心素养的教学方案设计：大观念的视角 [J]. 全球教育展望，2017（06）：13-21.

📖 大概念与项目式学习

大概念在本土化应用的过程中，除了与核心素养紧密联系，还经常与项目式学习相关联。这方面的研究实践较多由高校教授或研究员与一线教师合作完成，结合部分理论研究与单元案例设计等实践内容。例如，四川省成都市锦江区教育科学研究院贺慧就与四川省成都市锦江区盐道街小学陈倩合作，在2021年1月发表的《大概念统整下的学科项目式学习设计》中，分析了大概念如何作为一种工具，应用于项目式学习。她提出，当前我国项目式学习实践普遍存在"浅层化"的问题，解决的路径可以通过大概念来实现。同时，项目式学习本身就是一种整合式的学习，这与大概念具有高度统领性的特点非常契合。她认为大概念与学科项目式学习有几点内在关联：①大概念帮助整合学科项目式学习目标；②大概念帮助整合学科项目式学习内容；③大概念帮助整合学科项目式学习过程。利用大概念的"结构性、灵活性、相对性和意义性"，来推动项目式学习。

贺慧等人引用了北师大版小学四年级数学的项目式学习案例《我家装电梯》，通过提炼出"优化原则、运筹思想、数据模型"三方面的大概念，设置真实情境，让学生去解决各家分摊电梯安装费用的实际问题。⊖

项目式学习是近年来国内非常热门的学习方式。在大概念与项目式学习的关系方面，学者与一线教师普遍将大概念作为加深项目式学习设计的深度和整体性的一种应用手段。

📖 大概念与单元学习

大概念在课程中的实践应用，多与单元学习相关。查阅近几年在期刊发表的大概念相关的设计案例，多是以单元设计为单位呈现。

一方面，单元学习的重要性正在逐步提升。以"单元"为单位设计课程，替代以"课时"为单位设计课程，也是近些年国内教育界的主流方向之一。只关注课时来设计课程的弊端被广泛讨论，着眼于单元整体设计的思路被越来越多的教育学者和一线教师认可。因此，相比于过去常见的课时设计分享，单元教学设计分享越来越成为趋势。

另一方面，大概念与单元学习在本质上具有高度契合性。大概念难以在孤立课时中实现完整理解，必须以持续时间更长、设计更完整的单元为载体；单元学习也需要大概念进行统领，整合零碎分散的学习内容。因此，大概念与单元学习相结合，是一种互相需要。围绕大概念的单元整体教学，也就成为广大一线教师探索实现大概念教学的主要手段。

为了区别于传统的"单元"，即由几个课时构成的话题相关的教学单位，基于大概念的单元教学也常被研究者和一线教师称为"大单元"或"单元整体教学"。目前越来越多的各个学科、各个学段的大单元教学案例涌现出来，展示了国内一线教师群体对于基于大概念的单元整体教学的快速接受和广泛实践尝试。

⊖ 贺慧，陈倩．大概念统整下的学科项目式学习设计 [J]．天津师范大学学报（基础教育版），2021（01）：53-56．

CHAPTER 03

第三章　为何是大概念

在第二章里，我们全面梳理了大概念的提出、发展历程以及国内外的应用实践。可以看到，大概念以及大概念教学已经越来越为世界各国教育者重视。那么为什么我们要将目光聚焦大概念？为什么大概念教学将成为未来教学的一种重要模式？正确的目标方能指引前进的方向，要回答以上问题，我们不妨从教育的目的说起。

第一节　教育的目的与困境

3.1.1　我们为什么要接受教育

不可否认，个人经验很有用。一个从未接受过教育的农民，可以依据对自然的观察与长期积累的经验判断春耕秋种的最佳时间；一个从未接受过教育的老工匠，在做他所熟悉的建房修墙一类工作时，的确比接受过教育但缺乏个人经验的年轻人更得心应手。但是，**个人经验具有局限性，个人的经验不一定适用于群体，某一具体情境下的经验不一定能迁移运用到别的情境，个人的经验还常常受限于环境与经历**。寓言中的井底之蛙之所以认为天只有井口那么大，就在于它身边的环境和有限的经历让它产生了错误的个人经验。

一本曾登上《纽约时报》畅销榜的书——《你当像鸟飞往你的山》讲述了这样一个教育故事。

> 故事的主人公塔拉（Tara）从小生长在一个令人难以想象的"奇葩"家庭。父亲经营一家垃圾废料场，母亲是没有营业执照的草药师兼助产士。因为父亲仇视学校教育和政府，家里七个孩子，没有一个上学。在塔拉的生活中，灾难和悲剧不断上演，经历车祸，被二哥暴力欺凌。如果没有走出家门接受教育，塔拉的人生也许终会如她父亲所期望的那样，

> 早早结婚，生儿育女，继续在大山中过着蒙昧的生活。但是十七岁的塔拉，在经历了一系列生活的磨砺后，毅然决定离家去上大学。大学的生活为她打开了一扇新世界的大门，让她逐渐意识到，自己曾经生活的世界如此扭曲。教育颠覆了她的世界观，她在历史学中，研究各种观点的碰撞和争论，构建起对这个世界以及对自己的全新认识，而后她继续前往剑桥大学、哈佛大学等高等学府学习，最终获得博士学位。

这个故事是作者塔拉·韦斯特弗（Tara Westover，美国历史学家与作家，剑桥大学历史学博士）亲身经历的真实故事。从十七岁前从未上过学到获得剑桥大学历史学博士学位，到出版畅销书，到成为2019年《时代周刊》评选的"年度影响力人物"之一，塔拉的经历似乎是一个标准的励志故事，甚至带有一些传奇色彩。然而接受教育，对塔拉来说，不仅仅是获得名校博士学位，成就一个励志故事，更重要的是实现了自我蜕变。在塔拉的人生经历中，通过教育，她才得以冲破家庭的桎梏，父亲的权威，见证和体验了更多的真理。她用这些真理构建了自己的思想，从而寻找到了内在的力量，实现了自我发展。因此，她将自己的这本处女作命名为"Educated"，并在全书的最后写道：

> 你可以用很多说法来称呼这个自我：转变、蜕变、虚伪、背叛，而我称之为，教育。①

塔拉的故事告诉我们，教育能让我们走出个人经验的桎梏，看清世界的本来面目，学会自由思考，拥有自己的**价值准则和独立人格**。

正如阿尔弗雷德·诺思·怀特海（Alfred North Whitehead，英国数学家与哲学家）在《教育的目的》一书中，写道：

> 学生是有血有肉的人，教育的目的是为了激发和引导他们的自我发展之路。②

教育的起点自然是知识，知识是实现教育目的的载体。但知识的重要性在于它的运用，在于我们对它的能动的掌握，也就是说，在于"智慧"。当知识积累到一定程度时，**教育就需要教会人分析广泛且模糊的事实，系统梳理纷繁复杂的思想，形成个人独立的思考能力，再进一步，获得综合运用知识去处理现实问题的能力，获得独立人格，让人生成智慧，从而引领人最终实现自我的发展。**

眼下是新一轮技术变革的时代。与传统的工业时代相比，社会正在经历剧烈的变化，知识更新迭代速度加快，新兴职业不断涌现，技术进步日新月异。过去，我们通过传授知识与技能，就能帮助学习者在社会中找到自我之路。如今，知识与技术迅猛发展，让我们无法再重复这种"知识驱动"的教育方式，因为学生在学校教育结束后，往往将面对的是已经更新迭代后的新知识、新技术，甚至刚刚被创造出来的新工作，复杂而未知的新情境，

---

① 塔拉·韦斯特弗. 你当像鸟飞往你的山 [M]. 任爱红, 译. 海口：南海出版公司, 2019.
② 怀特海. 教育的目的 [M]. 庄莲平, 王立中, 译. 上海：文汇出版社, 2012.

他们无法通过在学校教育获取的旧知识去解决问题，实现个人的发展。

随着人工智能的发展，简单的技能型工作逐渐被人工智能所取代，无人驾驶已经成为现实，实时翻译技术正在打破语言交流的隔阂，智能软件为我们推送最感兴趣的时事资讯，无人超市、无人工厂出现在我们的生活中……当时代在尝试用技术"将机器变成人"时，我们的教育如何才能让人拥有其独特的价值与意义，不被人工智能所取代？

正如约翰·杜威（John Dewey，美国哲学家、教育家与心理学家）所言：

> 如果我们仍然以昨天的方式教育今天的孩子，无疑就是掠夺了他们的明天。

从知识驱动转向**智慧驱动**，培养具有强大学习力、创新力的人是时代对教育提出的新要求。

3.1.2　问题出在哪里

洛林·W·安德森（Lorin W. Anderson，美国南卡罗来纳大学教授）等在《学习、教学和评估的分类学》[○]中讲述了三种学习的情形：**无学习，机械学习和有意义的学习**。无学习是指学习者几乎没有参与学习，当需要再现知识时，学习者无法再现有关事实和关键术语。机械学习是指学习者参与了学习，在学习过程中记忆了关键事实，能够再现知识，但是无法运用知识解决问题。而**有意义的学习**则是指学习者不仅获得了知识，而且能运用**知识去解决问题和理解新概念**。

在我们的传统教学中，知识获取或者技能反复依然是学习的中心，学生的学习常常还停留在机械学习的层面。这种浅层学习让学习仅仅停留在简单的知识识记层面，止步于知识再现，**没有让学生进入对知识的深度处理、挖掘与推断中，没有发展学生的高阶思维能力**。

比如，许多语文老师在进行《天净沙·秋思》（如图 3-1 所示）的教学时都有过这样的体验：一个"枯藤"的"藤"字，强调再三，依然会有学生将草字头下的"滕"写成"腾"。究其根本原因，是学生对"藤"只是进行了音、形上的简单记忆，未能理解"藤"这个字作为一种植物，其部件"氺"对于整个字的意义，更没有将"藤"放入句子与语境"枯藤老树昏鸦"中进行理解。这里的学习仍然是浅层的。

图 3-1

○ 皮连生，编译. 学习、教学和评估的分类学［M］. 上海：华东师范大学出版社，2017.

以往的课堂教学也会在教学过程中设置情境,帮助学生理解学习内容,提升学习效果,然而这种情境设置**常常脱离真实世界**,与学生遇到的现实问题相距甚远。虚假的情境固然能够帮助教师传授规划好的知识,但是忽略了时代发展的影响,失去了对现实的解释力,阻碍了学生思维能力的发展,让**迁移能力**的培养难以实现。

比如在学习朱自清的《背影》(如图3-2所示)一文时,为了让学生理解文中父亲穿过铁道买橘子的背影这一经典片段,有的教师会设置情境,让学生到讲台前表演父亲攀爬月台的过程。学生认认真真地演,台下却是哄笑声不断,学生不但没体会到父亲深沉而内敛的父爱,反而让整个课堂成了一出闹剧。无疑,这段情境表演设置并不成功,课堂与故事发生的场景相距甚远,这种强烈的**不真实感**让学生根本**无法进入情境中**,实现对内容的深入理解,实现对情感的体验与迁移。

图 3-2

当然,我们在这里否定的是课堂中虚假情境的设置,实际上,**真实情境**的设置极有助于迁移能力的培养。北京市十一学校的高中语文组曾经设计过这样一个基于真实情境的学习任务:

> 狂欢节时,请诸位在深入阅读侠义文学的基础上,为老师设计一位侠义人物角色,然后扮装。⊖

在北京市十一学校,每年的最后一天都会举办校园狂欢节活动。每一位学生和教师都可以换上自己心仪的装扮。于是教师们利用这一真实情境,设计了以上具有针对性的狂欢节装扮任务,让学生在真实问题的解决中进行文本阅读,立足现实与历史对侠义人物做出合理评价,理解侠义精神的现实意义。这样的设计不仅提升了学生的学习兴趣、学习参与感,而且让学生在真实情境中解决问题,体现了对迁移运用能力的培养。

⊖ 闫存林,何其书,王苗,贾骄阳.狂欢节中的语文学习[J].未来教育家,2018(05):40-44.

第二节 核心素养——教育的突围与困难

3.2.1 核心素养和学科课程要培养的核心素养的提出及内涵

1 核心素养的提出及内涵

虽然时代对教育提出了新要求，教育也面临诸多现实困境，但是教育反思、教育改革的脚步从未停歇。核心素养就是在这样的背景下提出的。

"核心素养是从学习结果界定未来人才形象的类概念"，它是当今世界各国课程改革的风向标和主基调。自经济合作与发展组织（OECD）提出该名词，各类国际组织和各个国家纷纷提出了自己的核心素养，我国也不例外。

2013年5月，针对中国核心素养的"我国基础教育和高等教育阶段学生核心素养总体框架研究"重大项目正式启动。2014年4月，教育部颁布的《关于全面深化课程改革落实立德树人根本任务的意见》指出："研究提出各学段学生发展核心素养体系，明确学生应具备的适应终身发展和社会发展需要的必备品格和关键能力"。2016年《中国学生发展核心素养》正式发布，标志着我国教育正式步入"素养"时代。

什么是核心素养？《中国学生发展核心素养》指出，学生发展的核心素养，是学生应**具备的，能够适应终身发展的必备品格和关键能力，是关于学生知识、技能、情感、态度、价值等多方面要求的综合表现**。我国的核心素养框架包括自主发展、社会参与和文化基础3个维度，综合表现为学会学习、健康生活、责任担当、实践创新、人文底蕴、科学精神6项指标，6项指标又可具体为18个基本要点，如图3-3所示。

图 3-3

概括来讲，"核心素养"首先是一种素养，它是**超越具体知识与技能**的，是对知识、能力、态度或价值观等方面的融合。不同于知识的具体性、局限性，素养更具有**生长力与迁移性**。其次，"核心素养"不同于一般意义的素养，是适应未来社会发展的**必备品质与关键能力**。对于"核心"，我们可以理解为"**关键**""**必备**"。在个人发展过程中，需要许多素养应对现实生活的各种问题，只有那些所有人都需要的共同的素养，才是人才发展最关键、最必备的素养，才能称之为"核心素养"。对于核心，我们还可以理解为"**基础**"。核心素养是最基础、最具生长性的关键素养，就像打地基一样，地基的坚固决定房屋的高度。

"核心素养"表达了完整的**育人体系目标**，以"全面发展的人"为根本出发点和最终归宿。培养核心素养要求学生必须摆脱浅层学习的桎梏，从"知识本位"走向"**素养本位**"；必须关注学生的**真实学习**；必须让学生在积极的实践与真实的情境中培养出能够解决复杂问题的**迁移运用能力**。"核心素养"的提出，引领着我们解决现实教育的困境，迎接时代的挑战，可以说，核心素养的培养**成就的正是人的自由发展，培养核心素养是一条实现教育目的、解决教育困境的有效路径**。

2 学科课程与核心素养的关联

核心素养指明了现阶段人才培养的整体方向，但是核心素养还需要与各学科课程有机结合，落地到学科教学中。在 2017 年版 2020 年修订的普通高中语文等学科课程标准中，每一门学科凝练了各自的**学科核心素养**；在 2022 年版义务教育语文等学科课程标准中，每一门学科也将学科课程应着力培养的核心素养进行了凝练的表述。这是对核心素养在学科层面的**具体化表达**，引导了在学科教学中落实核心素养的重要方向，明确了课程育人、学科育人的具体路径，将教育的根本目的与学科课程教学建立内在联系。

在 2017 年版 2020 年修订的普通高中语文等学科课程标准 2022 年版的义务教育语文等学科课程标准中，学科核心素养或学科课程要培养的核心素养均以学科领域特有的名词呈现，学科不同，凝练的素养个数也不同。这些核心素养，作为**学科学习的中心**，是**学生学习该学科后应达成的正确价值观、必备品格和关键能力**。正如某教育家所说："教育是学生忘记所有知识之后剩下的东西"。学科课程培养的核心素养正是学科内那些具体知识内容之外真正最有价值，对学生终身发展不可或缺的东西。

学科课程培养的核心素养是在核心素养的基础上凝练与发展的。作为统整性素养，学生发展核心素养的实质是要求学生解决综合性问题。不同学科课程培养的核心素养则是中国学生发展核心素养体系的有机组成部分，或者说是核心素养在学科层面的具体化。因此，**想要落实学生核心素养，关键是在各学科课程中培养落实核心素养**。依托于各个学科课程培养的核心素养的发展，甚至是学科之间素养的融合发展，学生将适应社会并具有能实现终身发展的必备品格和关键能力。

学科课程培养的核心素养不是学生发展核心素养在学科内的简单演绎，它指向学科本质，是从挖掘和分析本学科对学生发展的独特内涵和意义开始的。因此，各学科课程培养的核心素养**既有学生发展核心素养在学科内的具体体现，又有属于学科的关键能力和必备品质**。比如语文，《普通高中语文课程标准（2017年版2020年修订）》中提出语文学科核心素养包括4项：语言建构与运用、思维发展与提升、审美鉴赏与创造、文化传承与理解；《义务教育语文课程标准（2022年版）》中提出语文课程应着力培养的核心素养有文化自信、语言运用、思维能力和审美创造。[○] 其中作为基础的语言建构与运用（语言运用）是发展语文学习的关键能力，但却未必是学生一般发展的关键能力。

发展核心素养需要一个持续建构的过程。因为学科课程应着力培养的核心素养是对学科本质的凝练，与学生直接的知识、技能相比，是具有统摄性，更大的概念。核心素养的培养不可能一蹴而就，需要学生在积极的学科实践中积累与建构。学生学习离不开知识的获得，但绝不是只有简单的知识积累，学生应在积极的学习实践中，汲取具体的知识、技能，更重要的是发现知识、技能背后的关联，建立抽象的理解，从而形成关于学科的正确价值观念、必备品格和关键能力。核心素养的培养虽然从具体的知识、内容开始，但是核心在于通过教学手段与积极的学习实践实现深入理解，进行意义建构，发展学科思维，形成学科品质与解决现实问题的能力。**这是一个需要不断积累，持续建构，甚至螺旋式上升的过程**。

发展核心素养需要重视**整体性**。虽然2017年版2020年修订的普通高中课程标准和2022年版义务教育课程标准为了呈现学科的育人目标，对学生在学科中的必备品质和关键能力进行了凝练表达，但是研究各学科课程要培养的核心素养各部分之间的关系，我们会发现各个学科课程培养的核心素养都是**有机整体**。比如普通高中语文学科，4大核心素养的关系就是以"语言建构与运用"为基础的相融共生的关系。"语言建构与运用"是学生语文素养整体结构的基础层面，无论是思维品质的发展、审美品质的发展还是文化的传承与理解都需要以语文的建构与运用为基础，而"思维发展与提升使语言建构与运用更加丰富和理性""审美鉴赏与创造使语言建构与运用更有品位和魅力""文化传承与理解使语言建构与运用更有厚度和广度"。[○] 基于此，发展核心素养不可能将素养进行简单割裂，**需要重视素养之间的内在联系，进行更具有整合性的教学**。

3.2.2 落实核心素养的困难

核心素养在一定程度上厘清了学科的育人目标、教学和评价的方向，是对上一轮课程改革中知识与技能、过程与方法、情感态度与价值观的"三维目标"的整合和提升。

虽然相应学科的课程标准都对学科课程要培养的核心素养进行了水平划分和对应目标

○ 中华人民共和国教育部制定. 义务教育语文课程标准：2022年版[M]. 北京：北京师范大学出版社，2022.

○ 黄厚江. 语文核心素养之间的共生关系[J]. 语文教学通讯，2017（31）：9-14.

的描述，但它仍然是一种过于**统摄性的表述**。在形式上，各学科课程要培养的核心素养都以一组名词或名词性短语呈现。比如，普通高中语文学科核心素养——语言建构与运用、思维发展与提升、审美鉴赏与创造、文化传承与理解，义务教育语文课程要培养的核心素养——文化自信、语言运用、思维能力和审美创造；普通高中英语学科核心素养——语言能力、文化意识、思维品质和学习能力，义务教育英语课程要培养的核心素养——语言能力、文化意识、思维品质和学习能力。**这些名词性表述概括性强，与具体的学习内容之间仍存在着较远的距离。**

一线教师即使能够充分理解这些核心素养的内涵和价值取向，在面对具体学习内容时，也**不一定能够将内容与素养进行精准连接**，找到有效落实素养的路径。于是学生的学习就容易发生在浅层的事实性知识识记层面，缺少对知识的深入思考与理解，缺乏对知识的迁移运用，缺少对思维能力的发展，缺少对学科本质的认识。比如我们在某一次历史课堂教学中的学习内容是"一战前后国际关系变化"。当我们面对的是关于一战前后国际关系变化的一系列史实与材料时，如果无法跳出具体而零散的知识内容，将学习内容与核心素养进行精准对应，学生就极可能陷入对史实与材料的机械记忆中，无法思考这些零散知识背后蕴藏的"时空观念""史料实证""历史解释"等历史课程要培养的核心素养，更无法发展批判思维和创新思维。

因此，面对**核心素养与学习内容之间的断层**，找到**连接学科核心素养与学习内容之间的桥梁**，在教学实践中显得尤为重要。

传统的课堂教学，往往注重"一课一得"，教师的教学目标和学生的学习目标都是以一个课时为基本单位的。这就要求教师要在一课时的时长里，形成完整的教学闭环——从课堂引入到核心内容的展开，再到学生的探究、讨论和训练，最后还要有课堂的总结和提升。这种聚焦于碎片化"知识点"的课时教学有利于知识的积累，但显然并不符合落实核心素养的要求。

核心素养发展**需要时间上的持续性**，很多素养的形成需要学生在不断经历、感受和体验之后内化达成。一课一得的传统课时教学无法满足核心素养持续发展的需求。

核心素养发展**需要学习过程的完整性**。只有更加完整的学习过程，才能给学生提供**建构的空间、真实的情境与任务、问题解决与实践体验的平台**，从而实现核心素养的落实。所以，我们**需要着眼于更完整的学习单位来开展课堂教学**，这是核心素养的落实对于课堂教学的整体性要求，也是课程实施研究的重要方面。碎片化的课时教学显然无法满足这一要求。

核心素养发展**需要有宏观的视角**。各学科课程要培养的核心素养本身就是有机统一的整体，需要学生能够跳出碎片化知识，站在知识之上，变换视角，从更宏观的角度看待其所学知识，感受知识背后承载的素养，并将学科内甚至学科与学科之间的知识形成关联，从而**构建意义结构，理解学科本质，形成学科思维方式**。碎片化的课时教学把学生的目光局限于知识的层面，忽略了其背后的价值意义，更无法让学生进行意义建构。

当课堂被所谓的课时碎片化且人为割裂时，核心素养将很难落实，育人目标也难以达成。

第三节　大概念——架起知识通达素养之桥

3.3.1　知识的类型

任何素养的培养都离不开具体的知识，所以我们不妨先来研究知识本身。

请你尝试给以下内容分类：

> A. 李白字太白，号青莲居士，唐代伟大的浪漫主义诗人，世人称之为"诗仙"。
>
> B. 所谓意象，就是客观物象经过创作主体独特的情感活动而创造出来的一种艺术形象。
>
> C. 第二次世界大战后期，美国、英国、苏联三国先后举行了一系列首脑会议，最终建立了"雅尔塔体系"。
>
> D. 国家利益是世界各国订制外交政策的基本原则。
>
> E. 安徽省的简称是"皖"。
>
> F. 聚落是人类利用和改造自然的智慧杰作，是当地历史、文化、政治、民俗的重要载体，应处理好聚落发展和保护的关系。
>
> G. $(x_1+x_2+x_3+\cdots+x_n)/n=M$。
>
> H. 编一个自己解决几何证明问题的思维图谱。

对知识进行分类，我们常见的方式是从知识所属的学科领域入手。比如上述的八条知识，可以分为语文知识（A、B），历史知识（C），政治知识（D），地理知识（E、F）和数学知识（G、H）。但是对知识进行领域的分类，并不能帮助我们发现知识在本质上的不同，更无法帮我们区别知识对于素养培养的不同分量。因此，还需要寻找另一种知识分类的角度。那么，我们还可以怎么给知识分类呢？仔细观察上述八条知识，我们是否可以把它们做这样的分类：

> 第1类知识：A、C、E
>
> 第2类知识：B、D、F
>
> 第3类知识：G
>
> 第4类知识：H

为什么如此分类？

第1类的3条知识虽然分属于不同的学科，但实际上它们都是学科内相对孤立的事实或信息，基本上靠记忆就可以复述出来，我们称之为**事实性知识**。事实类知识通常指学生学习一门学科或解决问题所必须了解的基本要素，进一步细分可分为术语知识、具体细节和元素知识。事实性知识有3个特点：它们是**具体的知识**，常常传递重要信息；它们常常是**孤立的**、**分散的**、**点滴的**，彼此间缺乏联系；它们的**抽象程度低**，只需要进行简单的识记就可以复现。

相比起来，第 2 类的 3 条知识则显得更为抽象概括，需要进行联系、推断，方可理解，我们称之为**概念性知识**。概念性知识是能使各成分共同作用的较大结构中的基本成分之间的**关系**，包括分类和类目的知识、原理和概括的知识以及理论、模型和结构的知识。与事实性知识不同，概念性知识更为**复杂抽象**，**揭示了多个具体的事实性知识的联系**。概念性知识具有**迁移性**，当我们理解概念性知识后，我们可以运用概念性知识去**解决新情境下的新问题**。比如我们在阅读诗歌时，常常用到"意象"这个概念性知识，这里的"意象"不是某首诗歌中某个具体的"意象"，而是由所有具体的意象共同特征所定义的概念"意象"。概念性知识"意象"能帮助我们跳出具体的诗歌词句，去理解诗歌。理解了"意象"概念后，当我们阅读一首陌生的诗时，便不会将"月亮"单单理解为一个天体，而是会尝试去理解"月亮"背后的情感，如图 3-4 所示。

带有"月亮"这一意象的古诗句举例：
海上生**明月**，天涯共此时。
举杯邀**明月**，对影成三人。
春风又绿江南岸，**明月**何时照我还。
但愿人长久，千里共婵娟。

图　3-4

第 3 类知识与前两类知识都不相同，如果说前六条知识都是在说"是什么"的问题，那么 G 则是在告诉我们"怎么做"，我们称之为**程序性知识**。程序性知识是**"如何做"**的知识，包括具体学科的技能与算法的知识，具体学科的技术和方法的知识以及决定何时运用适当程序的标准的知识。

第 4 类则属于**元认知知识**。它通常是指一般认知知识和**有关自己的认知的意识和知识**。进一步细分可分为策略性知识、关于认知任务的知识与自我知识。如学生在练习中知道自己擅长做选择题，而不擅长做问答题，这是学生关于自己的测验技能的自我知识，属于元认知知识。

这种对知识分类的方法是 2001 年洛林·W. 安德森等在《学习、教学和评估的分类学》中提出的。这一方法系统分析了知识本质上的区别，对于我们确定教育目标具有重要意义。

安德森对知识的分类可以用表 3-1 做一个更为清晰直观的展示。

表 3-1[一]

主要类别与亚类	例子
A 事实性知识——学生通晓一门学科或解决其中问题所必须知道的基本要素	
AA 术语知识	机械的词汇、音乐符号
AB 具体细节和要素知识	主要自然资源、可靠的信息来源
B 概念性知识——能使各成分共同作用的较大结构中的基本成分之间的关系	
BA 分类或类目的知识	地质学年代周期、商业所有权形式
BB 原理和概括的知识	毕达哥拉斯定理、供应与需求定律
BC 理论、模型和结构的知识	进化论、国会结构
C 程序性知识——如何做什么，研究方法和运用技能、算法、技术和方法的标准	
CA 具体学科的技能和算法的知识	用于水彩作画的技能、整数除法
CB 具体学科的技术和方法的知识	面谈技术、科学方法
CC 决定何时运用适当程序的标准的知识	用于确定何时运用牛顿第一定律的程序标准 用于判断采用特殊方法评估商业代价的可行性标准
D 反省认知———般认知知识和有关自己的认知的意识和知识	
DA 策略性知识	把写提纲作为掌握教科书中教材单元的结构的手段的知识，运用启发式方法的知识
DB 包括情境性的和条件性的认识在内的关于认知任务的知识	特殊教师实施的测验类型的知识，不同人物有不同认知需要的知识
DC 自我知识	知道评判文章是自己的长处，而写文章是自己的短处；对自己知识水平的意识

在安德森知识分类的基础上，埃里克森进行了新的探索。埃里克森与兰宁认为事实性知识、程序性知识与概念性知识并非并列关系，而是**有上下位的差别的**，概念性知识是对事实性知识与程序性知识的结构化和抽象化，它更高位。这部分内容在本书第一章 1.2.2 节中我们已经见过，在此不再赘述。

在埃里克森的知识结构中，他特别强调了事实性知识的主题与事实是被锁定在特定的时间、地点、情境当中的，而概念性知识则可以**跨时间**、**跨文化**、**跨情境进行迁移**。

埃里克森的知识结构对安德森的知识分类的发展在于，他认为知识与技能是互补共生的，但是无论是知识的结构还是过程的结构，结构的顶端都是概念性的知识。也就是说，在具体的学习过程中，知识与技能依然是重要的学习元素，但是**概念将知识与技能统摄了起来**。想要超越事实，培养素养，我们需要的不是简单识记复现知识和技能，而是理解概念。

知识的分类似乎在告诉我们，概念就是我们苦苦寻找的能够链接知识与素养的桥梁。

为何是概念？我们还可以根据概念与理解的关系做出解释。

首先，**概念性知识的特点决定它是进行深入理解的核心**。与事实性知识相比，概念性

[一] 皮连生，编译．学习、教学和评估的分类学［M］．上海：华东师范大学出版社．2007.

知识更为抽象、综合，是从事实性知识、具体问题或具体情境中抽象而来的。通过理解这些抽象的概念，学习者可以看到现象背后的本质属性。这些概念性知识还具有关联性，学习者可以建立概念与概念之间的联系，构建自己的知识体系。当概念层级累积提高，学生将站得更高、看得更远，对事实与概念的理解更深入、透彻。

如果不对概念性知识进行深入理解，学习者将永远停留在对事实与信息的获取中，无法理解事物的本质。在事实性知识的牢笼中，学生将重复进行低层次的无效学习或机械学习，无法建立新旧知识之间的联系，无法建构个人的知识体系，更无法根据复杂的情境，运用知识解决现实问题，核心素养培养无从谈起。

其次，**培养学生的迁移能力只能在概念层面进行**。事实性知识都有其具体的情境，无法进行大量迁移，只有在概念性理解的层次上，迁移才会发生。通过对概念性知识的深度理解，即使事实性知识被遗忘，对事物的概括性理解也会被保留下来，这样的理解可以灵活提取，迁移运用到新的情境与问题中。

根据新任务与原任务的相似性，迁移可以分为两类。一类是新任务与原任务相似迁移，称之为"低通路"迁移；一类是新任务与原任务不相似的迁移，称之为"高通路"迁移。[1] 低通路迁移与高通路迁移实现迁移的路径是有差异的。低通路迁移主要通过大量重复，达成相似任务之间从一个"具体事实"到另一个"具体事实"的迁移；而高通路迁移需要进行复杂的认知过程，先从"具体事实"中提炼出"抽象概念"，再将"抽象概念"迁移到与原任务完全不同的新任务中。

低通路迁移路径：具体 → 具体

高通路迁移路径：具体 → 抽象 → 具体

我们培养学生的核心素养，是希望他们能拥有面对复杂现实世界、面对新情境进行的高通路迁移能力，而这种迁移能力的培养，必须经历从"具体"到"抽象"再到"具体"的过程，只能在概念层面进行。在学习理论中，不少学者都曾强调过概念对迁移的重要性。杜威就认为迁移的实现在一定程度上就是依托概念的不断生成，当我们面对未知时，它是我们可以赖以思考的已知，而每一次探索未知，都会有新的概念生成，换言之，没有概念生成，就不能获得迁移。[2]

3.3.2 大概念架起连接核心素养与学习内容的桥梁

在埃里克森和兰宁的知识结构中，概念性知识又被细分为**概念、概括、原理与理论**。概念性知识中，概念处于最底层，与事实、主题、技能联系最紧密，但抽象性不够；概括

---

[1] 刘徽. "大概念"视角下的单元整体教学构型——兼论素养导向的课堂变革[J]. 教育研究, 2020（06）: 67-79.

[2] 杜威. 我们如何思维[M]. 伍中友, 译. 2版. 北京: 新华出版社, 2015.

与原理处于中间层级，是对概念关系的描述，是以事实为支撑的观点；而理论则是处于最高位的抽象的观点。它们相互间形成了一种从具体到抽象不断递进的层级关系。既然概念性知识本身也存在层级关系，那么我们在教学时，就需要思考选择哪种概念性知识作为中间桥梁更为合适。

在本书第一章 1.2.2 节中解释什么是大概念时，我们已经强调过并不是学科内所有的概念都能链接核心素养，只有那些**反映学科本质的、相对稳定的、有统领性的核心观点**才是大概念，才能成为链接具体内容与核心素养的桥梁。大概念属于概念性知识中间层级的概括与原理这一层级。它具有陈述性、科学性、深刻性、中心性与迁移性特点。

为什么一定是大概念？

从**概念与学习内容的关系**上来看，越统摄性的概念，它的内涵越广泛，统摄的内容也越多，越具有普适性，但它与具体内容的链接也随之越弱。

从**概念与素养的关系**来看，越下位的概念，尤其是一些学科内指向具体知识的重要概念，确实揭示了某个学科学习对象的内涵，但是它缺少对学科本质的反映，往往统摄性较弱，在学科内部的迁移价值不大，与学科课程要培养的核心素养的链接较弱。

因此，**只有那些反映学科本质的、相对稳定的、有共识性和统领性的大概念才能够成为链接学习内容与核心素养的桥梁。**

《普通高中课程方案（2017 年版 2020 年修订）》不仅凝练了学科核心素养，也提出了要"重视以学科大概念为核心，使课程内容结构化，以主题为引领，使课程内容情境化，促进学科核心素养的落实。"强调了学科大概念对于链接课程内容与核心素养的重要意义。

下面我们来看一个案例。

在语文教学中，散文阅读教学一直非常重要。有学者统计，仅在初中部编版教材中，散文所占比重就超过了 40%。面对数量众多的名家散文，我们如何来教，才能实现核心素养的落实呢？

朱自清的《背影》，是初中阶段学生必学的一篇散文名篇。一般来说，作为一名一线语文教师，我们会扎入文本当中，分析文本，设计教学环节品读文本，理解文章主旨，以下是关于《背影》的一个教学设计（简单概括主要教学环节）：

> 环节一：如果读完朱自清的《背影》后，同学们需要写一篇读后感，请你为这篇读后感拟一个标题：_____——读朱自清的《背影》有感
>
> 环节二：找出文中"我"的四次流泪，并结合文章内容分析我流泪的原因。
>
> 环节三：品赏我看到了一个怎样的背影。
>
> 环节四：补充写作背景，再次理解四次流泪。

通过这样的学习，学生也许可以感受父子间的亲情。但是为什么学《背影》要理解情感？为什么要品读"父亲的背影"这一核心形象？为什么还需要分析"我"前后的四次流泪？

实际上，如果我们能理解"散文"的概念，进而理解"散文阅读"的大概念，以上问题便能迎刃而解。

> 散文是一种用个性话语方式表达作者个性生活体验和心灵体验的方式和文体。
> 散文阅读就是要在个性话语的表达中去触摸作者的心灵世界。

在教学《背影》一文时，之所以要将重点放在对"背影"这一核心形象的品读与对四次流泪的分析，并且补充写作背景，是为了感受朱自清在这篇文章表达的复杂情感体验。

散文阅读大概念反映了散文阅读的本质，对于散文阅读教学来说具有统领性。向下，它可以链接具体的学习内容，比如各类名家散文；向上，它揭示了学习这些具体内容的抽象本质，链接了语言运用、思维能力和审美创造等语文课程要培养的核心素养。如果在散文阅读教学中，我们围绕散文阅读大概念来设计教学，通过多篇散文的具体学习理解散文阅读的抽象内涵，那么学生就完全可以将这种理解迁移运用到陌生的文章中，核心素养也将得到提升。

因此可见，**大概念可以看作是课程内容通向核心素养的阶梯**。换一个角度，**大概念也可以看作核心素养楔入具体知识的固定锚点**。大概念既扮演着知识组织者的角色，又扮演着素养传播者的角色，它弥补了学习内容与核心素养的断层，成为连接素养与知识的重要一环，如图3-5所示。

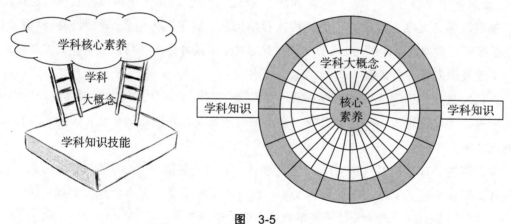

图 3-5

在学科中，大概念不是无序存在的，梳理多个大概念与核心素养的对应与相互关联，**构建学科大概念框架，能使学科不再被视为一套断断续续的概念、原则、事实和方法，而是一个连贯整体**。大概念框架，让单个单元学习在整体中的定位更清晰明确，能让教师对学科素养的贯通培养有更宏观的认识。学科大概念框架让大概念之间形成网络，形成概念与概念之间的联结，有助于学生对学科内容进行更结构化的理解，强化了学生的迁移能力。**大概念框架的建构，能够助力各学科课程应着力培养的核心素养整体、持续的发展**。

《义务教育生物学课程标准（2022版）》将发展学生的核心素养作为课程宗旨，将生物学课程要培养的核心素养凝练为：**生命观念**、**科学思维**、**探究实践和态度责任**。在这四个核心素养中，科学思维、探究实践及态度责任都具有自然科学领域的跨学科属性，生命观念是独具生物学科特点的要素，是生物学课程要培养的核心素养的标志和关键。概念的形成不是一蹴而就的，为此，初中生物特设大概念框架以帮助学生实现对生命观念的有效理解，如图3-6所示。

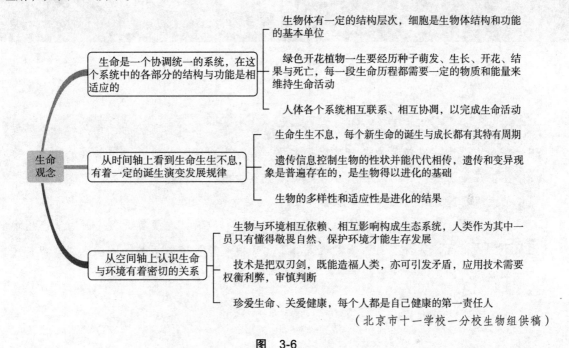

图 3-6

在这个框架中，用三个生物学科大概念支撑"生命观念"这一学科课程要培养的核心素养的落地。三个大概念之下又分别有下一层的三个概念支撑，这三个概念是直接对应单元学习内容的概念。最下层的九个概念虽然各有独立性，但是都统一在"生命观念"这一素养之下，相互辅助，在本书第四章4.3.1节中我们还会深入分析这些大概念的内涵。

通过梳理大概念之间的联结，建构起初中生物学科的清晰概念层级，揭示了生物学科落地"生命观念"这一核心素养的过程逻辑。这样一个完整的生物概念框架帮助教师树立整体观，统筹整个概念教学过程，把握概念教学的深度与广度；将各级概念按照一定的内在逻辑有机整合，帮助学生主动参与构建概念体系的过程，螺旋式地实现对重要概念的深入理解，促进核心素养持续、整体的发展。

CHAPTER 04

第四章　怎样提炼大概念

> 提炼大概念并非是专家提出、教师实践这样一个"各司其职"的过程，我们提倡**提炼大概念应该由一线教师的参与甚至是主导**。实际上，因为一线教师更加接近教学、接近学生，在提炼大概念的过程中自然而然地会考量教学实践与学生情况，因此一线教师提炼的大概念通常**适切性**、**可操作性**更强。
>
> 当然，由于大概念的**学科性**、**统摄性**等特质，一线教师在提炼大概念时可能会出现无从下手的情况，甚至产生大概念是灵感、无任何路径可循的认知误区，这部分内容将为一线教师怎样提炼大概念提供一些有益的参考。

第一节　利用"现成的"大概念

教育领域对于大概念的研究虽然由来已久，但真正将大概念提炼出来应用于课程领域、教育领域的研究主要发生在近十余年。虽然这些大概念与这本书中我们所谈的大概念内涵并非完全相同，但却有很多相似之处可供我们提炼大概念借鉴使用，我们称之为"现成的"大概念。

4.1.1　"现成的"大概念在哪里

在本书第一章1.2.2节中，我们曾提到国际IB-PYP课程中的主旨思想（Central Ideas）。（扫描封面上的二维码，可以查看澳大利亚堪培拉文法学院IB课程中的主旨思想。）2010年温·哈伦等人编著了《科学教育的原则与大概念》（*Working with Big Ideas of Science Education*）一书，明确提出了14项科学教育的大概念。（扫描封面上的二维码，可以查看《科学教育的原则与大概念》的14项科学教育的大概念。）这些大概念能够用于解释和预测较大范围内的物体、事件和现象，为较大层面的决策性问题提供科学基础，能够对人们提出的有关自身和自然的问题做出回答或寻求答案。

与 IB 课程的主旨思想、科学教育的大概念类似，美国、荷兰等国家或地区编写的部分课程标准，也以学科或跨学科大概念的表述形式描述课程目标，在此处不再一一赘述。

我国对于大概念的研究主要集中在近五年，以学生发展核心素养与各学科课程要培养的核心素养的陆续发布为标志性事件。

2018 年 1 月，我国教育部印发了普通高中课程方案和语文等学科课程标准（2017 年版），每个学科凝练了学科核心素养。其中，生物学科明确提出了大概念，聚焦学科大概念来表达高中生物课程的模块内容，精简容量、突出重点、切合年龄特点、明确学习要求，让学生能够深刻理解和应用重要的生物学概念，发展生物学科核心素养。与《普通高中生物课程标准（2017 年版）》相对应，《义务教育生物学课程标准（2022 年版）》也提及"要围绕大概念组织教学内容，使知识结构化。以大概念的核心内容为纲，将相关的重要概念、次位概念按照其内在逻辑关系编织成网络化的概念体系[①]"，这样有利于教师的教和学生的学，见表 4-1。

表 4-1

学习主题	概 念
生物体的结构层次	概念 1 生物体具有一定的结构层次，能够完成各项生命活动
生物的多样性	概念 2 生物可以分为不同的类群，保护生物的多样性具有重要意义
生物与环境	概念 3 生物与环境相互依赖、相互影响，形成多种多样的生态系统
植物的生活	概念 4 植物有自己的生命周期，可以制造有机物，直接或间接地为其他生物提供食物，参与生物圈中的水循环，并维持碳氧平衡
人体生理与健康	概念 5 人体的结构与功能相适应，各系统协调统一，共同完成复杂的生命活动
人体生理与健康	概念 6 人体健康受传染病、心血管疾病、癌症及外部伤害的威胁，良好的生活习惯和医疗措施是健康的重要保障
遗传与进化	概念 7 遗传信息控制生物性状，并由亲代传递给子代
遗传与进化	概念 8 地球上现存的生物来自共同祖先，是长期进化的结果
生物学与社会·跨学科实践	概念 9 真实情境中的问题解决，通常需要综合运用科学、技术、工程学和数学等学科的概念、方法和思想，设计方案并付诸实施，以寻求科学问题的答案或制造相关产品

其他学科虽然没有如生物学科一样在课程标准中明确提炼出大概念或重要概念，但各学科课程标准中对要培养的核心素养的内涵解读以及一再出现、强调的名词或重要短语可以作为我们提炼大概念的关键词，对提炼大概念起到重要的引导作用，因此我们也将其划分为"现成的"大概念的范畴。

实际上，从大概念即学科观点角度出发，一些学者的观点也属于"现成的"大概念的范畴。如鲁迅在《再论雷峰塔的倒掉》中说"悲剧将人生的有价值的东西毁灭给人看"；再如王国维在《人间词话》中的"一切景语，皆情语也"等观点都具有"现成的"大概念属性。

前面已经多次提到，格兰特·威金斯等人在《追求理解的教学设计》一书中频繁提及"大概念"——可以是一个概念、主题或问题，如"适应""形式和功能在系统中是如何关

[①] 中华人民共和国教育部制定. 义务教育生物学课程标准：2022 年版 [M]. 北京：北京师范大学出版社，2022.

联的"等。虽然与本书中"大概念"的含义与内涵存在明显出入，但对于我们提炼大概念仍然具有重要意义，可以作为提炼大概念的关键词，为我们指出一个思考方向。

综上所述，"现成的"大概念，从狭义上可以理解为前人研究中对学科观点的陈述性论断语句，从广义上可以理解为一切与学科观点有关的语句、短语、关键词等。"现成的"大概念对于我们一线教师提炼大概念有着重要的提示、引导、参考等作用，甚至是相对科学、合理、有广泛的参考价值与意义的大概念的资源库。

那么，我们该如何利用"现成的"大概念呢？

4.1.2 如何利用"现成的"大概念

对于狭义的"现成的"大概念，即前人研究中对学科观点的陈述性论断，与本书中的大概念含义接近，但大概念层面有所不同。如，IB课程中的主旨思想"我们的位置影响我们参与世界的程度"可以认为属于哲学观点层面的大概念；《科学教育的原则与大概念》的14项科学教育的大概念"宇宙中所有的物质都是由很小的微粒构成的"是属于跨学科观点层面的大概念；《普通高中生物课程标准（2017年版2020年修订）》和《义务教育生物学课程标准（2022年版）》中的大概念显然是属于生物学科观点层面的大概念。

这类狭义的现成的大概念中，部分学科观点层面的大概念以及少数跨学科观点层面的大概念可以在教学实践中直接使用。然而，我们也应该意识到，大多数现成的大概念具有高度概括性、学科凝练性等特点，在相对宏观的课程与教学领域的贡献是不言而喻的，但在教学实践层面，与某一单元或主题内容的连接薄弱，适切性不强，因而在教学实践中难以落实。

因此，我们对现成的大概念进行适当的解读与处理，既利用其**权威性**、**科学性**等特点，又可以改善其在**适切性**与**实践性**方面的不足，从而**更加适合统领某一单元或主题内容的教学**，有利于开展大概念教学。

对"现成的"大概念进行"**降维解读**"。例如，《普通高中生物课程标准（2017年版2020年修订）》中生物学科的大概念——"生态系统中的各种成分相互影响，共同实现系统的物质循环、能量流动和信息传递，生态系统通过自我调节保持相对稳定的状态"。该大概念从生态系统的组成、调节等方面阐述了生态系统的本质属性，是学生在整个中学的生物学习中应该逐步达成的学科认知。《义务教育生物学课程标准（2022年版）》也提及"生物与环境相互依赖、相互影响，形成多种多样的生态系统"。在初中生物教学中，我们考虑到**学习内容的阶段性**，将其进行"降维解读"，如图4-1所示。初中生物学习内容中，生态系统组成分成两个部分，即生物部分和非生物部分，其中特别关注食物链的构成，在理解结构的基础上引导学生初步理解物质循环与能量流动，进而引发学生对生态平衡与保护的关注。基于此，我们提炼出更适切于初中生物学习的大概念——"生态系统中的食物链实现了系统的物质循环与能量流动""生态系统通过自我调节保持相对稳定的状态，但其调节具有一定的承受限度"。

第四章 怎样提炼大概念

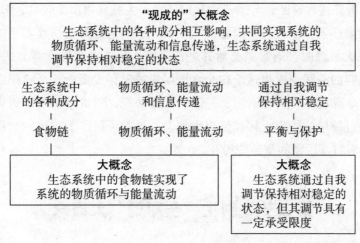

图 4-1

对"现成的"大概念进行"分解解读"。例如,科学教育的大概念"宇宙中所有的物质都是由很小的微粒构成的",是对物质组成的一种陈述性表述,是对已有科学理论的高度概括,对于物理、化学等科学学科均有一定的指导作用。聚焦初中化学的学习过程,对于这一大概念的认知是循序渐进地分布于不同的学习内容中的。因此,为了更好地开展大概念教学,我们可以结合不同的学习内容进行"分解解读",将广泛普适性的大概念根据学习内容细化、分解为更加适切的大概念,以此更好地统领与支撑不同阶段、不同内容的学习,见表 4-2。

表 4-2

科学教育大概念	"分解解读"提炼初中化学大概念	初中化学内容载体
宇宙中所有的物质都是由很小的微粒构成的	构成物质的微粒是多种多样的	物质构成的奥秘
	构成物质的微粒决定其化学性质	身边的化学物质
	构成物质的微粒发生拆分与重组的过程,就是物质发生化学变化的过程	物质的化学变化

(张文顺、赵芬、李海洋、于海宁供稿)

对"现成的"大概念进行"通俗解读"。例如,科学教育的大概念"改变一个物体的运动状态需要有净力作用于其上"是对物理学科力学部分的凝练表达,但"净力"一词相对艰涩,不够通俗。同时,初中物理的**阶段性**学习目标更加侧重于受力平衡,即净力为零的情况。因此,我们对"现成的"大概念进行"通俗解读",提炼出适合初中物理学科教学的大概念,即"外力可以改变物体的运动状态,外力平衡时物体的运动状态不变"。

综上所述,利用现成的大概念并非照搬照抄,而是需要教师发挥自己的智慧将现成的大概念与学习内容结合。从现成的大概念中选择可以对某一单元或主题内容起到统领作用的大概念,通过有效的解读,使大概念在具有**学科性**、**概括性**、**凝练性**等特点的同时,兼具**阶段性**、**适切性**、**可操作性**等特点,真正为我所用,从而更好地统领某一单元或主题内容的教与学。

需要澄清的是,我们以上提及的现成的大概念主要指狭义的现成的大概念,即前人研究中对学科观点的陈述性论断,与本书中我们所指的大概念相似度较高,但相对统摄性大、适用范围广、学术性强,而与具体内容的关联稍弱、通俗性与适切性不足。因此,我们利用狭义的现成的大概念时,通常需要对其进行降维、分解、通俗化等方式的解读与处理,增强其与学习内容的关联,成为适合这个水平层级的学科大概念。而对于广义的现成的大概念——一切与学科观点有关的语句、短语、关键词等,与本书中我们所指的大概念差异比较大,不易通过简单的处理直接提炼出大概念,通常可以作为创生"全新的"大概念的资料库使用,我们将在后面的章节中提及。

第二节 创生"全新的"大概念

如果说,利用现成的大概念是站在巨人的肩膀上,那么创生全新的大概念则是从零开始、从无到有。下面我们分享两种创生全新的大概念的提炼路径,也一起经历一步步提炼大概念的过程。

4.2.1 "自上而下"与"自下而上"

我们理解大概念可以有两个视角:"自上而下"与"自下而上"。

一方面,我们可以将大概念理解为**各学科课程着力培养的核心素养"自上而下"地楔入具体学科知识的固定锚点**;另一方面,我们也可以换个角度将大概念理解为**学科知识"自下而上"地通往核心素养的阶梯**。

例如,大概念"引入符号使数学具有更大的普适性"连接起"抽象能力"这一核心素养与《代数式》单元的内容,我们可以从以上两个角度去理解,如图 4-2 所示。

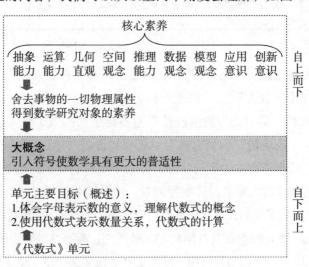

(章巍供稿)

图 4-2

从自上而下的角度看，抽象能力这一核心素养指的是"舍去事物的一切物理属性得到数学研究对象"的素养，数学完成了"从具体事物到数字""从数字到符号"两个层次的抽象，每次抽象都在扩大数学的应用范围，这也是抽象能力的学科意义与价值。将抽象能力"下沉"到《代数式》单元内容，我们需要引导学生在学习代数式的相关具体学科知识的同时逐步聚焦理解"引入符号使数学具有更大的普适性"这一大概念，从而渗透抽象能力这一科核心素养。因此，我们说大概念是核心素养自上而下地楔入具体学科知识的固定锚点。

从自下而上的角度看，《代数式》单元中承载的学科知识包括用字母表示数、使用代数式表示数量关系、代数式的计算等，仅仅是学科知识的学习是难以达到抽象能力这一核心素养的，我们需要引导学生在学习代数式的具体学科知识的同时，向上去思考符号的本质、代数式的意义等，逐步攀升至学科观点，即大概念"引入符号使数学具有更大的普适性"，进而接近抽象能力这一核心素养。因此，我们说大概念是学科知识自下而上地通往核心素养的阶梯。

因此，**我们在创生全新的大概念时，也可总体归结为"自上而下"与"自下而上"两种路径**。无论是"自上而下"还是"自下而上"，其根本都在于**提炼出相对稳定的、有共识性的、有统领性的陈述性学科观点，向上承接核心素养，向下统摄与吸附学科知识**。

4.2.2 如何"自上而下"地创生"全新的"大概念

"自上而下"是将核心素养逐步向下，分维度、分级解读，进而提炼出大概念的一种路径。即，从某一条核心素养出发，**对核心素养的内涵与外延进行全面解读与分析**，并在此基础上进行**维度分解、层次分级**，在合适的维度与层级中抽离出表达学科观点的陈述性语句，形成大概念。进而，基于大概念寻找与之相匹配的具体学习内容。

比如，物理课程要培养的核心素养主要包括物理观念、科学思维、科学探究、科学态度与责任。[1] 其中，物理观念是最具有物理学科特点的要素，是本学科课程要培养的核心素养的标志和关键，同时也是与物理学科内容关联性比较直观的核心素养。物理观念是从物理学视角形成的关于物质、运动与相互作用、能量等内容的总体认识，是物理概念和规律在头脑中的提炼和升华。因此，物理观念可以分为以下维度，分别是物质观念、运动和相互作用观念、能量观念。聚焦运动和相互作用观念，继续向下解读观念内涵，并结合初中物理的力与运动的相关内容侧重点，提炼出大概念"力是物体之间产生的相互作用""力是物体运动状态变化的根本原因"，从而统领力与运动部分的学习内容，如图4-3所示。

---

[1] 中华人民共和国教育部制定. 义务教育物理课程标准：2022年版 [M]. 北京：北京师范大学出版社，2022年.

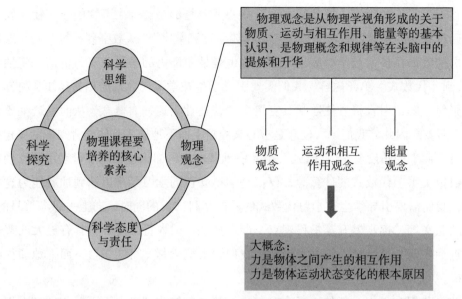

（王立勋、刘融、赵丽茹、荆双伟、刘涛、张瑞斌供稿）

图 4-3

再如，初中化学课程聚焦"科学探究与实践"这一核心素养自上而下地创生全新的大概念，如图 4-4 所示。**第一步**，依据科学探究的思维路径与实践过程，将科学探究与实践这一核心素养划分为四个维度，依次是模型建构、推理论证、综合分析和质疑创新，这种划分与科学探究经历的步骤相匹配，并在自然科学领域具有一定的跨学科共识。**第二步**，参考《义务教育化学课程标准（2022 年版）》中对于科学探究的能力的关键词或短语（即前面提及的广义的"现成的"大概念），同时考量初中化学课程内容的承载能力、学生的认知发展水平等实际情况，对每个维度进一步解读为两个层级，模型建构维度解读为"基于事实发现与提出问题""提出假设阐释关系"两个层级，推理论证维度解读为"证据意识与收集能力""证据推理得出结论解释关系"两个层级，综合分析维度解读为"建立观点、结论与证据间的逻辑""归纳概括现象本质与规律"两个层级，质疑创新维度解读为"基于证据质疑与批判""反思改进提出创造性见解"两个层级。**第三步**，基于具体到某一维度、某一层级的解读，结合初中化学的具体学习内容与学科知识，提炼出学科方法、学科思维、学科思想等方面的陈述性论断，如"等效替代的转化法，使不可见变得可见"是对学科方法的陈述性论断，"目的、猜想、结论具有连贯性与一致性"是对学科思维的陈述性论断，"控制变量的单一性保障对比实验的科学性"是对控制变量的学科思想的陈述性论断，这些陈述性论断均属于明确的学科观点，即学科大概念。这些大概念可以有效统领初中化学实验的相关学习内容，使学生在理解实验原理、掌握实验方法等知识与技能的同时，形成与科学探究有关的大概念，逐步养成科学探究的能力与素养。

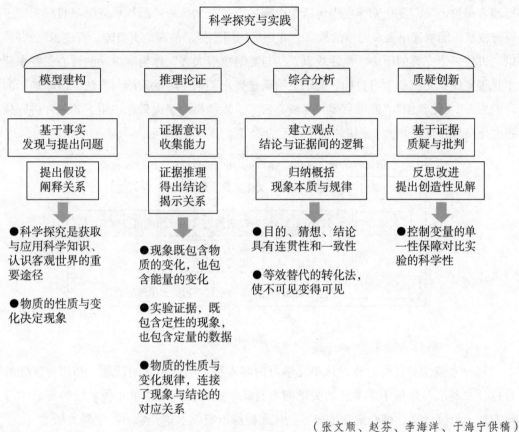

（张文顺、赵芬、李海洋、于海宁供稿）

图 4-4

自上而下地提炼大概念的路径，需要教师在学习与思考中对核心素养进行自上而下的逐步分解、细化解读，结合课程内容与课程标准中的关键词或短语，在合适的维度与层级中提炼出与学科方法、学科思维、学科思想等相关的陈述性论断，进而形成相对稳定的、有共识性的、有统领性的学科观点。在这个过程中，引导教师思考学科本质、体会学科价值、梳理学科框架、关注课程标准，对教师的学科素质、专业能力等方面的提升有明显的助推作用。

4.2.3 如何"自下而上"地创生"全新的"大概念

"自下而上"是基于具体内容与知识逐步向上指向核心素养，进而提炼大概念的一种路径。即，从具体的学习内容或学科知识出发，逐级向上凝练学习目标，并进一步探寻学习内容背后的学科本质，深入思考学习内容承载的学科实践价值与教育价值等，进而指向核心素养，从而在学科方法、学科思维、学科本质、学科价值和学科思想等角度提炼出大概念。

例如，英语作为一门强调过程性学习的学科，在 *An Old Man Tried to Move the Mountain*（《愚公移山》）这一讲故事单元，涉及过去时态运用、语篇衔接手段以及理解文化背景等方面的学习目标要求，话题众多、知识技能点分布离散。教师既需要对英语学习的策略与方法进行整合聚焦，又需要帮助学生理解所学内容的意义指向。教师凝练单元学习目标为"了解中西方故事，能叙述出要素完整的故事，并正确运用连接词使表达更清晰、有逻辑"，并确定了以"讲述一个完整的历史、童话故事，参与英语故事大赛"作为本单元的核心任务来评估学生是否完成单元核心学习目标。为了更明确地提出英语学习的策略与方法，清晰地指向"语言能力""文化意识""思维品质"等核心素养，教师提炼了大概念"用不同语言讲好故事是跨文化交流的重要方式"来统领整个单元的学习，如图 4-5 所示。

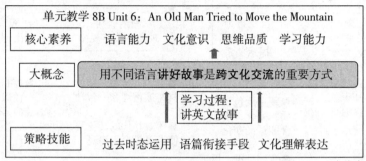

（范冬晶、米媛媛供稿）

图 4-5

这一大概念的提炼过程，**从单元学习内容入手**，明确单元的话题、知识、技能等**学习目标**，并凝练与聚焦于本单元的**关键能力目标**，进而提炼出本单元所承载的英语**学习策略与方法**、**价值意义**、**核心素养指向**等，从而提炼出统领本单元学习的学科大概念。

再如，初中历史学科中有关第一次世界大战的内容，具体的学科知识包括"三国同盟"与"三国协约"形成的史实、一战基本过程重要事件与战役、一战的影响、《凡尔赛和约》与《九国公约》形成的史实与基本内容、战后新秩序、一战爆发的直接原因与根本原因等，这些学科知识看起来内容复杂，而且仅仅以时间线为轴似乎流于表面，难以帮助学生真正理解与实现迁移。那么，这一部分内容背后的学科价值是什么呢？实际上，一切历史都是当代史。历史研究法是研究国际关系的方法之一，一战前后国际关系的变化极具典型性。战胜国建立凡尔赛—华盛顿体系，对 20 世纪的国际关系产生了深远影响，对于我们理解国际关系，思考当前中国的和平崛起有着非凡的借鉴意义。从国际关系的角度看，中国的和平崛起对原有的国际关系格局产生了巨大的影响。面对当前复杂的国际关系，中国如何实现和平崛起？如何处理好与其他国家之间的关系？这些是我们需要不断实践和思考的重要问题。习近平总书记也提出"放眼世界，我们面对的是百年未有之大变局。"通过思考学习内容背后的学科意义与教育价值，我们将本单元的学习内容聚焦于一战前后国际格局的变化，以一战为载体剖析国际格局变化的原因，思考讨论影响国际关系的关键要素。另一方面，在聚焦学习内容的同时，明确剖析一战前后国际格局变化的原因所牵动的能力点，包含利用地图建立空间概念、利用史料证据判断历史事件、利用自己的历史观点解释历史事件等，进而指向时空观念、史料实证、历史解释等核心素养。

因此，基于对单元具体学习内容的梳理与分析，思考内容背后的学科意义与教育价值，**聚焦知识点、牵动能力点、指向核心素养**，最终在唯物史观的学科观点层面提炼出大概念"国家利益是国际关系的决定因素"，如图4-6所示。这一大概念既是统领一战前后国际格局发生变化的**核心观点**，也是对一战内容背后所承载的现实意义与教育价值的回应。

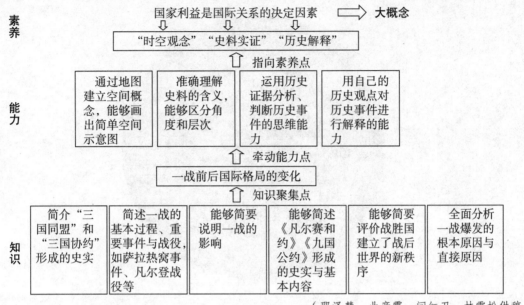

图 4-6

又如，初中道德与法治的《生命的思考》单元，教师根据课程标准、参考教材和教学参考等资料，从学习内容出发进行整体性思考，并自下而上地提炼出大概念。针对《生命的思考》单元，教师从自然生命、社会生命和精神生命三个角度梳理单元学习内容。从自然生命的角度，依次认识到积极锻炼达到身体健康、人生目标清晰充实生命的内在、在挫折中获得生命的成长三个层次，经历以上三个层次的进阶，逐步体现出自然生命角度下人类在有限生命中不断递进的生命价值体现。从社会生命的角度，分别从生活中与人为善、工作中爱岗敬业、危难中舍己救人等角度理解社会生命，在丰富的社会环境中体现个体的生命价值正是社会生命的内涵与意义。从精神生命的角度，由小见大，小到家训家风，大到家国情怀、家国担当，为了信仰与追求不惜牺牲生命等，这是对精神生命的追求，不同境界的价值取向与行为选择体现出精神生命的价值与光彩。由此可以看出，本单元的学习内容主要聚焦于四个方面，分别是"生命永恒性""挫折两面性""与人为善""家国担当"。教师又进一步探寻这些内容关键词背后的学科逻辑——以辩证思维看待自我生命、从尊重自我生命走向尊重他人生命，这也正是《生命的思考》单元所指向的学科意义、教育与实践价值，同时关联并投射于道德修养、健全人格、责任意识等核心素养。

通过对单元学习内容的整体思考与梳理，凝练出内容关键词，进而厘清内容之间的学科逻辑。依据内容及学科逻辑，进一步**挖掘其背后承载的学科意义、教育与实践价值**，提炼出大概念"人对生命的尊重是道德的重要表现,既尊重自己的生命,同时尊重他人的生命",如图 4-7 所示。这一大概念基于对单元内容的整体思考与梳理,并表达出内容承载的学科意义与教育价值,是对《生命的思考》这一主题的兼具学科性、适切性的回应,能很好地统领本单元的学习。

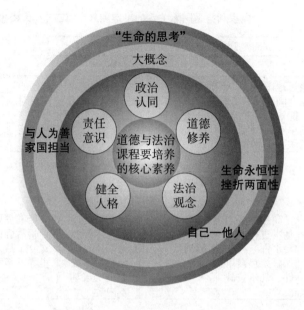

(张丽君供稿)

图 4-7

自下而上地提炼大概念的路径,引导教师在关注具体学习内容的同时,梳理**内容之间的学科逻辑**、**明确对应的学习目标**,并**聚焦核心内容**、**凝练单元学习目标**,进而向上分析内容中体现的**学科方法**、**学科思维**、**学科思想**,思考内容承载的**学科意义**、**教育与实践价值**,**关联与指向核心素养**,从而在相对统摄性的位置上提炼出学科大概念。这种提炼大概念的路径,虽然对教师的学术能力与专业素质仍然有着不低的要求,但同时教师的经验在其中也起到重要的作用,可能对拥有丰富教学经验的教师更为适用。

4.2.4 如何理解"自上而下"与"自下而上"的关系

实际上,无论是"自上而下"还是"自下而上",都不是固定僵化地、单一方向地提炼大概念的路径,而是为我们创生"全新的"大概念提供了思考与提炼的方向。在实际提炼大概念的过程中,我们很难真正将两种路径分离开来使用,而是将二者结合。**既有基于核心素养的自上而下地分维度、分级解读,又有基于具体内容的自下而上地聚焦、凝练、思考、挖掘**,两种路径的协同配合,更加有助于我们提炼出相对稳定的、有共识性、有统领性的学科观点,进而统摄学科的教与学。同时,我们也应该意识到,大概念的提炼并非一蹴而就,而是在**核心素养与具体内容之间不断反思、不断调整、不断优化地反复回溯与循环往复**的过程。

第三节 架构"关联的"大概念

无论是"现成的"大概念,还是"全新的"大概念,大多数是单独的、散点的。然而,大概念作为可迁移的学科观点或观念,必然不是孤立的,而是会在学科内部乃至跨学科领域产生关联。架构关联的大概念,进而逐步形成**连贯的、结构化的大概念体系**,可以进一步**明晰学科内部乃至跨学科之间的关联与结构**,进一步提升教与学的**整体性**、**系统性**,有利于核心素养的连贯培养。

4.3.1 大概念的"关联方式"有哪些

1 聚焦同一核心素养的大概念关联方式

任何核心素养的培养都是一个循序渐进的过程,是随着学习的推进与深入逐步形成的。聚焦同一核心素养会产生**一系列的大概念**,可能统领不同学习阶段、不同学习内容的教学,但这些聚焦于同一核心素养的大概念之间必然存在关联。

初中生物课程作为自然科学类学科,有相对完备的体系、清晰的逻辑。四册教材共有7个学习主题,分别为:生物体的结构层次、生物的多样性、生物与环境、植物的生活、人体生理与健康、遗传与进化和生物学与社会·跨学科实践。每个主题下有不同数量的重要概念,整个初中阶段对应的重要概念共9个。无论从核心素养还是从重要概念出发,我们对每个主题均提出了统领性的大概念,并从生命观念这一核心素养的角度对每个大概念进行了定位。

初中阶段我们将生命观念这一核心素养分成三个对应主题的大概念,并进一步分解为对应不同单元的大概念,形成聚焦生物观念的关联的大概念体系,如图4-8所示。

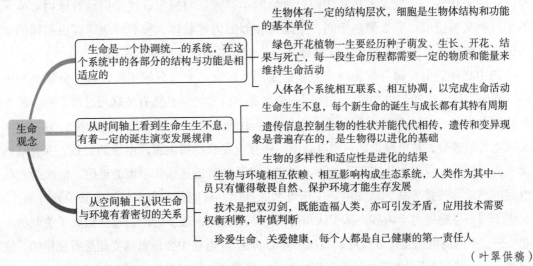

(叶翠供稿)

图 4-8

生命是一个协调统一的系统，在这个系统中的各部分的结构与功能是相适应的。

这个概念可以对应单元内容继续解读为：生物体有一定的结构层次，细胞是生物体结构和功能的基本单位；绿色开花植物一生要经历种子萌发、生长、开花、结果与死亡，每一段生命历程都需要一定的物质和能量来维持生命活动；人体各个系统相互联系、相互协调，以完成生命活动。

从时间轴上看到生命生生不息，有着一定的诞生演变发展规律。

这个概念可以对应单元内容继续解读为：生命生生不息，每个新生命的诞生与成长都有其特有周期；遗传信息控制生物的性状并能代代相传，遗传和变异现象是普遍存在的，是生物得以进化的基础；生物的多样性和适应性是进化的结果。

从空间轴上认识生命与环境有着密切的关系。

这个概念可以对应单元内容继续解读为：生物与环境相互依赖、相互影响构成生态系统，人类作为其中一员只有懂得敬畏自然、保护环境才能生存发展；技术是把双刃剑，既能造福人类，亦可引发矛盾，应用技术需要权衡利弊，审慎判断；珍爱生命、关爱健康，每个人都是自己健康的第一责任人。

聚焦于同一个生物课程要培养的核心素养的关联的大概念，揭示了初中阶段学生逐步形成生命观念这一核心素养的过程性逻辑——先认识生命是一个系统，一个结构与功能相适应的系统；再从时间轴、空间轴两个维度从发展的眼光认识生命，即时间轴上的生命诞生演变发展规律与空间轴上的生命与环境的关系。**聚焦于同一个核心素养的大概念关联方式，可以更加清晰地表达核心素养的内涵，揭示形成核心素养的过程性逻辑**。

2 聚焦同一主题或相似内容载体的大概念关联方式

无论是学科内部还是相似学科之间，对于同一主题或相似的内容载体，大概念也存在着一定的关联性。大概念表达具体内容背后的学科方法与思想，或是揭示具体内容所承载的学科意义与价值，那么聚焦于**同一主题或相似的内容载体**，极有可能体现出**相同的学科方法与思维**，或是承载着**相似的学科意义与价值**，从而产生**关联的大概念**。

初中物理的电学部分作为一个完整的主题，包含三个部分的主要内容，分别是简单电路、欧姆定律、电功与电功率。作为同一个主题，内容之间必然有关联与进阶。一方面是核心知识的进阶，从电路组成到电流、电压、电阻的关系，再到电功与电功率；另一方面是实践能力的进阶，从电路识别、画电路图、连接电路到测量电流及电压的关系、探究欧姆定律，再到探究、应用焦耳定律。在知识与能力进阶的背后是认知层面的进阶，依次为：认知电路的组成和连接方式，认知电路工作遵循的规律，从能量的角度认知电路中元件的作用。聚焦于同一主题即电学内容，基于认知层面的层层递进、逐步进阶，自然形成了关联的大概念——"不同的电路连接方式可以实现不同的功能""电路中物理量的变化是有规律的，这种规律是可以描述的""电路中元件工作的本质是能量的相互转化"，如图4-9所示。

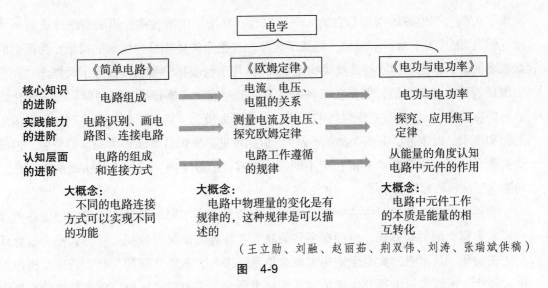

（王立勋、刘融、赵丽茹、荆双伟、刘涛、张瑞斌供稿）

图 4-9

除了同一学科内部的同一主题，跨学科的同一主题也会产生关联的大概念。

比如，跨学科的科学课程中聚焦于"能量"主题形成关联的大概念。自然科学认为，能量是任何相互作用系统的基础，是连接不同学科的纽带。物质领域中声、光、电、热等能量之间的相互转化；地球与宇宙科学领域中地幔、地核内部的能量沿着地壳扩散造成山体运动、大陆漂移、火山和地震；生命科学领域，生命体内能量的流动促进新陈代谢与生长发育，生态系统中的能量流动使生物得以生存和繁衍；技术与工程领域研究能源的利用与保护等等。聚焦能量这一主题，各个领域内的能量变化都遵循能量守恒与转化定律，在不同的领域有着不同的观点表达，即大概念，如图 4-10 所示。依托于地理与宇宙科学领域，

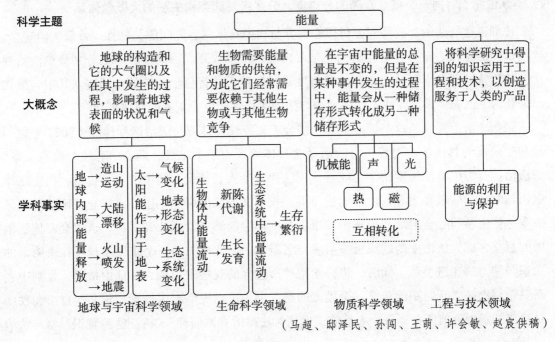

（马超、邱泽民、孙闯、王萌、许会敏、赵宸供稿）

图 4-10

提炼了大概念"地球的构造和它的大气圈以及在其中发生的过程，影响着地球表面的状况和气候"；依托于生命科学领域，提炼了大概念"生命需要能量和物质的供给，为此它们经常需要依赖于其他生物或与其他生物竞争"；依托于物质科学领域，提炼了大概念"在宇宙中能量的总量是不变的，但是在某种事件发生的过程中，能量会从一种储存形式转化成另一种储存形式"；依托于工程与技术领域，提炼了大概念"将科学研究中得到的知识运用于工程和技术，以创造服务于人类的产品"。由此可见，聚焦科学课程中的能量主题，遵循一致的能量守恒与转化定律；依托于不同领域内容，形成了同一主题下的关联的大概念，从而架起了跨学科领域的桥梁。

当然，大概念的关联方式并不局限于以上两种，在不同学科的实践研究层面必然存在更多的大概念的关联方式，也存在多种关联方式并存的情况。这些关联方式使大概念**从孤立走向关联，从散点的大概念走向大概念体系**，揭示大概念之间的关联，乃至架构出关联的大概念，可以有效引导师生更加深入理解大概念，进而形成**比较完整、系统的大概念体系**，对于统领单元整体教学、落实核心素养有更积极的作用。

4.3.2　如何架构"关联的"大概念

基于大概念的关联方式，我们可以尝试研究架构关联的大概念的思路与策略。我们首先关注与研究学科教学领域的大概念，聚焦学科内部的同一个核心素养、同一主题或相似内容载体架构关联的大概念，形成学科内部的大概念体系。

1 依托于对同一个核心素养的分维度、分层级解读架构关联的大概念体系

比如道德与法治，教师们分析核心素养与初中具体内容之间的关联性，发现法治观念、政治认同两条核心素养与对应的初中学习内容匹配度较高。因此，教师们分别聚焦法治观念、政治认同两条学科核心素养，分维度进行解读，并将科学精神的内涵嵌入其中，架构出关联的大概念体系，设计出初中道德与法治课程落实核心素养的整体框架。

聚焦"法治观念"这一核心素养，结合《义务教育道德与法治课程标准（2022年版）》和初中阶段的具体学习内容，将法治观念具体解读为三个维度，即心中有法、权利义务、依法治国。心中有法维度使学生能够认识法律对个人、社会、国家的重要价值，树立法律意识与对法律的敬畏之心，懂得依法办事；权利义务维度引导学生能够树立正确的权利义务观，依法参与社会生活；依法治国维度帮助学生能够尊崇宪法和法律，认识全面依法治国的意义，成为法治中国的积极参与者与实践者。由此可见，三个维度本身存在着明显的知识与能力的递进关系。同时，将科学精神所包含的观察中识别、辩证中抉择、批判中创新三个层次嵌入到对法治观念三个维度的解读中，进而提炼出大概念"正义、自由和秩序是法律的基本价值所在，每个人都应该做到对法律的真诚信仰""树立法治意识，参与法治实践，是身为法治社会公民的必备素质""走中国特色社会主义法治道路，是实现中华民族伟大复兴的必然选择"，从而形成关联的大概念，如图4-11所示。聚焦法治意识的三个大概念之间分别对应着心中有法、权利义务、依法治国三个维度的学科观念，既遵循着从个人层面到社会层面、再到国家层面的知能递进关系，也与从识别到抉择、再到创新的科学精神相适应，从而架构出聚焦法治观念这一学科核心素养的关联的大概念体系。

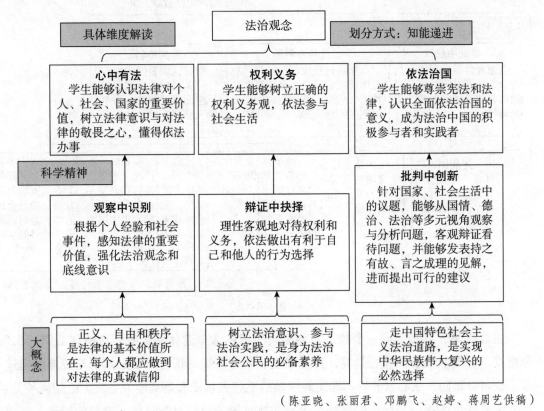

（陈亚晓、张丽君、邓鹏飞、赵婷、蒋周艺供稿）

图 4-11

聚焦"政治认同"这一核心素养架构关联的大概念体系的思路与上面类似，结合素养解读、课程标准与学习内容，将政治认同具体解读为三个维度——国家意识、制度自信、发展共识，但与法治意识三个维度之间呈现知能递进的关联性不同，政治认同的三个维度呈现的是不同发展领域之间的平行关联，即政治认同的落实涉及国家发展的不同领域，如理论、制度、道路等，内容之间倾向于平行关系，又共同组成政治认同这一核心素养的内涵。按照发展领域将政治认同分维度解读后，嵌入科学精神的三个方面，如将政治认同的国家意识维度与科学精神的辩证中抉择相融合，提炼大概念"走向国家之我，是实现国家富强、个人全面发展的必然要求"。依次类推，逐步架构出聚焦政治认同这一核心素养的关联的大概念体系，如图4-12所示。

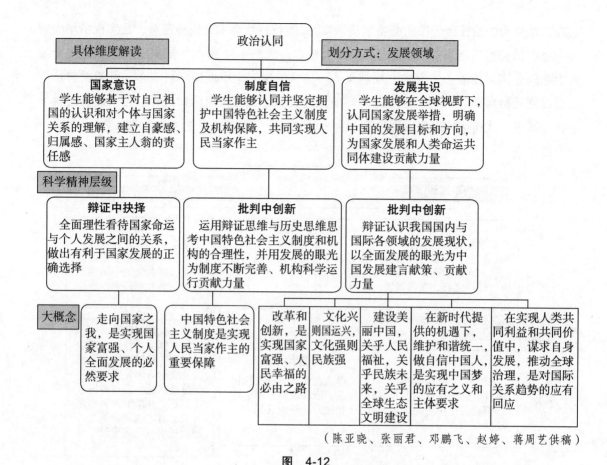

(陈亚晓、张丽君、邓鹏飞、赵婷、蒋周艺供稿)

图 4-12

由此可见，依托于**同一个核心素养架构关联的大概念体系**，我们应从核心素养出发，**分维度、分层级地解读核心素养，拆分维度、划分层级**的依据可以是**知识与技能的递进关系**，也可以是同一核心素养的**不同发展领域的平行关系**或者是其他关系。无论是何种关系，核心素养维度的拆分、层级的划分等手段必然离不开教师**对学科核心素养的解读、对课程标准的把握、对学习内容的分析**等。总之，教师应结合素养解读、课程标准、学习内容等**对同一个学科核心素养分维度、分层级进行内涵解读，梳理清楚各维度、各层级之间的关系**，再逐一地提炼出每个维度、层级对应的大概念，进而架构出同一核心素养的关联的大概念体系。

2 依托于对同一主题、领域或相似内容之间的逻辑或结构的梳理架构关联的大概念体系

比如，小学数学中的"图形与几何"领域，内容之间具有连贯的学科逻辑。教师梳理内容之间的学科逻辑，构建系统的学习链条，如图4-13所示。具体而言，一至四年级是从生活实物中初步辨认三维几何体，再由三维空间通过初步抽象转变到二维空间，再逐渐挖掘出组成图形的最基本零件，即我们所说的一维图形"元素"，这是一个降维的过程，降维的目的是为了便于研究与运算。四到六年级属于研究图形的阶段。从《线与角的认识》到

《三角形、四边形的认识及其性质》经历了由一维转换到二维的过程,《多边形和组合图形的面积》是在二维空间上的拓展与延伸,再次深化从一维到二维的空间转化,又横向发展了研究二维空间图形的普适性方法。从《多边形和组合图形的面积》到《长方体的认识及其表面积和体积》是二维到三维的转换过程,从《圆的认识及其面积》到《圆柱圆锥的认识及其表面积和体积》是二维到三维的第二次飞跃,是对二维到三维空间转换的补充与深化。整体来看,四到六年级研究图形的学习阶段遵循着一维到二维、二维到三维的升维过程。在升维的过程中,不仅仅只是维度的增加,同时也包含元素的增多、关系的复杂程度加深等。在各自维度空间中,体现着数学中图形研究的重要思想方法,如转化、类比等。

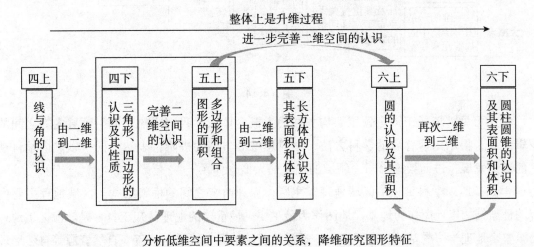

（刘婷婷、杨晓蕾、李红丽供稿）

图 4-13

通过梳理图形与几何领域内容之间的逻辑结构,教师总结出研究图形与几何的一般思维,即将高维的复杂问题拆解成低维的基本图形或简单元素问题进行研究,在研究中从低维走向高维,逐步解决高维中的问题。实际上,这种"一维、二维、三维图形特征的内化及不同维度上思维的转换"是图形与几何领域内容的主线,学生在升维与降维的转换中逐步发展空间观念。

围绕着发展空间观念的主线,结合课程标准中的内容要求、知识能力目标、学生认知规律等,逐一提炼出"图形与几何"领域下的关联的大概念,如图4-14所示。大概念是对空间观念的逐步表达,如《线与角》对应的大概念"一维图形是图形结构中的基础元素"是从生活实物的三维空间逐步抽象到一维图形基本零件的降维过程,是研究图形的基础；《认识三角形和四边形》对应的大概念"一维要素的特征及其位置关系决定了二维图形的表现形式"表达了从一维到二维的一种升维方式;《圆柱圆锥》对应的大概念"图形运动是二维向三维转换的重要手段"表达了从二维到三维的一种升维手段。以表达空间观念的进阶为主线,可以架构出小学数学"图形与几何"领域的关联的大概念体系。

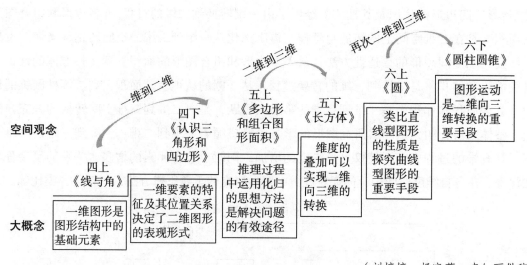

（刘婷婷、杨晓蕾、李红丽供稿）

图 4-14

由此可见，依托于同一领域架构关联的大概念体系，我们应**梳理同一领域内容之间的逻辑线条**，揭示内容背后的**学科方法、学科思维**等方面的进阶，表达出同一领域内学科观念的递进发展，进而架构出同一领域的关联的大概念体系。

再如，地理学科聚焦"区域地理"主题，梳理内容之间的框架结构。区域地理主题内容的框架结构以地图作为地基，地图作为最主要、最重要的地理认知工具，是学习区域地理乃至整个地理学习的基础。地基之上，通过位置、地形、气候、河流、自然资源等自然地理要素的依次学习初步建立地理概念，自然地理要素的学习顺序遵循一定的内在学科逻辑，使不同的自然地理要素的学习之间相互促进、相辅相成。例如，位置和地形的学习会促进气候的学习，河流水文特征的学习需要地形和气候作为支撑等。基本的自然地理要素概念建立以后，进入到成因分析阶段，分析一个区域的自然环境对人类活动产生影响，即学生进入人文地理要素的学习。人文地理要素的学习主要着力于分析自然环境对人文地理要素的影响，因此需要以自然地理要素作为支撑。纵向维度上，将自然地理要素的学习迁移到人文地理要素，分析自然环境对区域人文环境中的人口、聚落、农业、工业和交通等要素的影响；横向维度上，综合分析人口、聚落、农业、工业和交通等不同人文地理要素之间的关系。自然要素和人文要素交织在一起，便形成了区域地理中的综合分析。以地区、国家乃至更大范围的区域为载体，综合运用自然地理要素与人文地理要素全面、深入地认识一个区域，归纳区域特征、比较区域差异、认识区域间联系，达成对区域的综合认知。以区域地理主题进入，最终形成区域的可持续发展观念，指向人地协调的核心素养。

通过梳理区域地理主题的内容框架结构，教师们理清了可持续发展观念形成的脉络，以及不同内容载体背后学生应该形成的主要学科观念，进而提炼出关联的大概念，如图4-15所示。对基础工具地图的认知不再局限于地图要素等知识、读图用图等技能，而是认识到地图的本质，即大概念"地图是遵循一定数学法则的、经过科学概括的地理信息的载体，具有完整的符号系统"，这一大概念既表达出地图作为符号系统的本质属性，也表达出地图承载地理信息的学科工具性特点，是从地理学科角度对地图的比较全面、科学的认知。在自然地理要素与人文地理要素的学习中，形成自然地理要素为基础、人文地理要素受影响的基本观念，如区域自然地理要素"位置"对应大概念"地理位置是区域地理条件特征和人类活动差异与联系，以及区域发展问题分析的基础和前提"，区域人文地理要素"人口"对应大概念"人口的增长要与社会、经济的发展相适应，与环境、资源相协调"。同时，关注不同地理要素之间的相互作用，如"地形"对应大概念"地形影响气候、河流，对人口分布、聚落形成、农业生产及交通布局具有重大影响"。

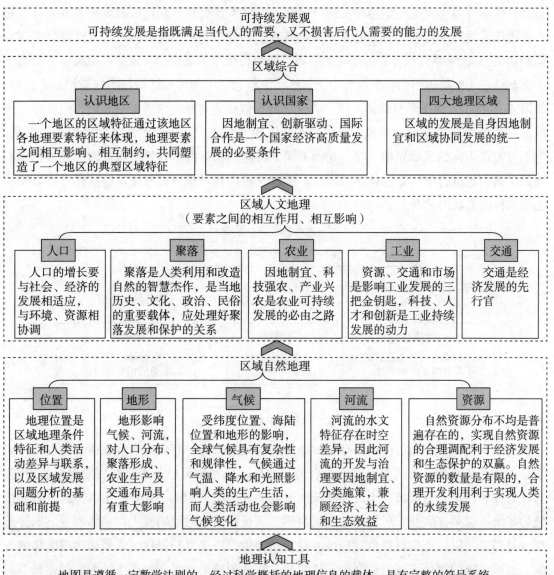

（李岳、梁乐泉、王晓玥、孙骁、翟吉璇、徐希阳供稿）

图 4-15

由此可见，依托于同一主题架构关联的大概念体系，我们应**梳理内容之间的框架结构**。内容之间的关系并非线性的、链条式的，**既有不同层次、又有相互作用**，因此内容之间的框架是**多维、交错的关联结构**。基于同一主题的内容的框架结构，关注核心观念的形成过程，同时关注认知间的相互关系，表达出同一主题下不同内容对应的大概念，进而架构出关联的大概念体系。

除了在学科内部架构关联的大概念，在跨学科，如自然科学、人文社会等相近学科中，**不同学科之间存在天然的交叉点，因此也存在架构关联的大概念的可能**。

挖掘不同学科间相近的学科思维与规律，架构关联的大概念。以物理、化学、生物等自然科学学科为例，这些学科在发现自然世界的现象、解释自然发展的规律等方面具有相近的规律。物理学科在《简单电路》单元提炼了大概念"不同的电路连接方式可以实现不同的功能"，化学学科在《身边的化学物质》模块提炼了大概念"物质的性质决定了用途"，生物学科在《生物体的结构层次》主题提炼了大概念"生物体的结构与功能是相互适应的"如图4-16所示。由于学科载体不同，大概念的具体描述对象与方式有所差别，但其背后指向的是相似的自然世界的规律，尽管这些规律我们暂时无法用明确清晰的语言表达出来，但不可否认内在的逻辑思维关联。**挖掘不同学科间的相近的学科思维与规律，并依托于不同的学科内容进行学科话语体系的表达，解释学科内部对该思维与规律的描述，可以架构出跨学科的关联的大概念**。

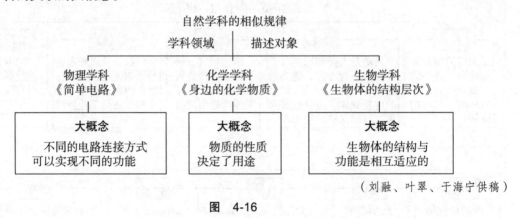

（刘融、叶翠、于海宁供稿）

图 4-16

挖掘不同学科间相近的内容载体，架构关联的大概念。相似的内容载体，可以从不同学科的视角去理解，形成学科互补与合力。比如，历史学科中关于早期农业诞生的内容，对比研究和讨论黄河流域的半坡人与长江流域的河姆渡人的不同生产、生活方式，黄河流域的半坡人以粟作农业、居住半地穴式房屋，而长江流域的河姆渡人以稻作农业、居住干栏式建筑，只以历史学科视角解释这种差异的产生原因是有局限性的，借助地理学科的气候、地形差异的视角可以更加全面、科学地解释两种早期文明间生产生活方式的差异。历史学科中游牧文明与农耕文明的生产生活差异，不同文明间的战争与交融等现象，也可以借助自然环境、气候类型、地形地貌等地理学科的视角来解释。同样，地理学科中与人文地理要素有关的内容，如世界三大宗教分布的形成过程也离不开历史学科视角。可以看出，不同学科间存在相近的内容，以这些内容为载体，从不同学科的视角出发，可以架构关联的大概念。

比如，以唐朝文化大繁荣为主题内容载体，从不同学科层面探讨其背后的深层原因。从语文学科视角，学习唐朝文学作品，了解作者生平、背景，才能真正理解文学作品的思想与情感倾向，即大概念"文学作品中可能存在丰富的历史信息，作者的思想与情感受历史与文化背景的影响"。从历史学科视角，文化是一个社会意识形态的综合产物，是社会的上层建筑，受到社会经济、政治、法律制度等方面的影响，其中以社会经济为基础，即大概念"一定时期的社会经济结构决定了这一时期的社会意识形态"。从艺术学科视角，认识丰富多样的唐朝艺术作品，这些作品既表达了不同文化身份的创作者、传播者和参与者的思想情感的个性化差异，也体现出唐朝整个时代开放、大度、包容的文化主张，即大概念"艺术是一种受文化制约的个性化审美表达"。围绕着唐朝文化大繁荣这一相似的内容载体，从语文、历史、艺术等学科的不同视角出发，思考与解释这一文化现象，提炼出一系列不同学科视角下的学科大概念。同时，进一步思考其背后的本质属性与核心价值，借鉴马克思主义、唯物主义等社会主义核心价值体系中关于人类社会发展一般规律的表达，凝练出跨学科层面的大概念"物质决定意识，文化表达意识"，如图4-17所示。**挖掘不同学科间相近的内容载体，并从不同的学科视角去理解、剖析、阐释相似的内容承载的学科意义与价值，凝练与表达出不同学科的学科观点，也可以架构出跨学科的关联的大概念。**

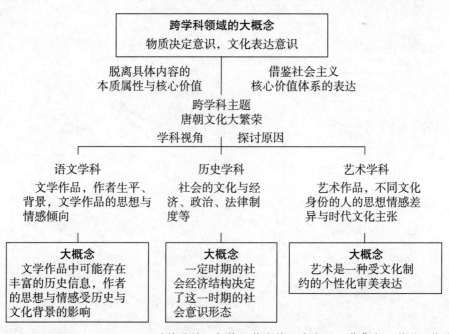

（林雪松、赵婷、籍小婷、张宏强、蒋莺春、谢园、徐希阳供稿）

图 4-17

实际上，架构关联的大概念，仍旧离不开自上而下与自下而上两种路径。

在学科内部，聚焦同一个核心素养，进行分维度、分层级的解读，从核心素养的不同维度、不同层级出发，可以架构出关联的大概念，这是一种自上而下的思维路径。聚焦同一主题、领域或相似内容，梳理内容之间的逻辑或结构，探寻内容背后认知层面的递进、学科思维的进阶，从关联的内容中逐步架构出关联的大概念，这是一种自下而上的思维路径。学科内部的大概念体系的建立，一方面有利于教师**理清核心素养的内涵，探寻学科本质与学科价值**；另一方面引导教师**宏观梳理课程内容**，思考内容背后所承载的学科思维与**学生认知发展的进阶**，最终实现教师对于学科的整体把握，使学科内容与学科课程要培养的核心素养成为一个整体的系统。

在跨学科层面，寻找学科间天然的交叉点，从不同学科的视角表达相近的规律，从不同学科的视角理解与阐释相近的内容，使学生的**认知打破学科界限**，能够**更加全面、科学、辩证地解释事件和看待世界**。同时，学科间天然的交叉点的积累，跨学科的关联的大概念体系的架构，也为跨学科课程的设计与实施做了充分的准备，有利于发挥学科合力，实现综合育人的目的。

CHAPTER 05

第五章　如何实施大概念教学

> 大概念看上去很宏大，如何才能将之落到实处呢？研究和实践证明，想要落实大概念，就要打破传统的"课时主义"观念，采用整合度更高的**单元教学**设计。大概念统领下的单元整体教学与其他单元教学方式有所不同，它顺着**大概念出发，会延展出核心问题、核心任务**等一系列设计要素，最后还要设计对应的评价方案。

第一节　大概念与单元教学

目前，我们已经知道大概念是相对稳定的、反应学科本质的、有统领性的学科观点。其本身提炼过程也是基于核心素养和整个单元的学习内容，可以跨越课时，甚至跨越章节、学科。因此基于大概念的教学不能完全沿用传统的"一课一得"式的教学方式。那么我们该采用什么样的教学方式来实施基于大概念的教学呢？换句话说，大概念的有效落地需要学生经历怎样的学习过程呢？

首先，大概念是核心素养在某些相关主题和内容上的具体表达。因此要想使学生获得对大概念的相应理解，就必须让学生系统地学习支撑大概念理解的相应内容，并进一步体会相应知识间的联系和它们的本质属性。从这个角度上讲，**支撑大概念理解的学习内容必然是高度组织化的知识内容**，其整合于同一个大概念的理解之下，是一个有明确主题的内容整体。

另外，因为本身的统摄性属性，大概念一般具有一定程度的抽象性，这就使得学生很难通过单一课时的学习获得对大概念的充分理解，因此对于**大概念的学习理解需要贯穿于整个单元的学习始终**。在教学过程中教师应始终抓住大概念这一理解核心，统一规划每一课时的教学内容和教学方式，使之成为一个组织精密、互相联系的课时整体。

基于上述要求，我们认识到，对于追求大概念理解的学习，基本学习单位不能只是一节课、一个知识点，而需要承载能力更强、整合度更高的学习单元。因此，"单元教学"就成为实现基于大概念理解的一个有效教学路径。

5.1.1 什么是基于大概念的单元教学

单元教学最早产生于19世纪末的欧美，其代表性学者奥维德·德克乐利（Ovide Decroly，比利时教育家）提出了教学"整体性"和"兴趣中心"的原则。这成为单元教学理论的萌芽。之后，美国教育家杜威又提出了实用主义的单元教学，并在此基础上形成了设计教学法，在世界范围内产生了一定的影响。1931年莫里逊（Morrison，美国教育家）在所著的《中学教学实践》一书中，提出了莫里逊单元教学法。此法通过单元教学方式，使学生以数日或一周的时间学习一本教材或解决一个问题。教师则在教学过程中负责选定和组织单元，并指导学生学习。教学过程一般为：

（1）预备阶段。选择学习单元，确定教学目标。

（2）开始阶段。引起学生学习兴趣，了解学习意义，介绍单元内容，指出学习目标和预期的结果，指导学习方法。

（3）实行阶段。指导学生进行各种学习活动，如阅读资料、绘制图表、参观访问、调查研究、实习制作等。

（4）总结阶段。由学生以各种方式进行总结和复习，如个人书面总结、小组讨论、作品展览、汇报演出等，并进行考核和检查。

由此可见，**单元教学是一种整体教学**，它不等同于师生所熟悉的教材目录上看到的一个个"单元"，而是教师在进行单元教学设计时，对教学中的各个相关内容进行整合，形成的完整的教学过程。在追求各个教学因子发挥最大功能的基础上，使教学过程最优化，从而实现教学效果最大化。相比于传统课时教学多数情况下单纯的知识点传输和技能训练的安排，**单元教学是教师对课时经过精巧设计和安排的基于一定目标与主题的教学活动**。

当然，我们这里谈到的，基于大概念理解的单元则是另一种意义上的具备上述特点的学习单元。它是为了**帮助学生理解某个大概念而创设的学习单位**，既可以是教材中的一个或多个自然章或自然单元组合成的单元，也可以是围绕大概念、将支撑大概念理解的相关学习内容重新组织架构成的学习单元。

在教学实践中，这样的单元大体分为两类：一类是以系统化的学科知识与技能为基础构成的"教材单元"（学科单元），比如物理学科的"压强单元"、数学学科的"一次函数单元"等；另一类是以生活经验、主题场合为基础构成的"经验单元"（生活单元），比如语文学科的"怀念单元"、英语学科的"亲情单元"等。在这里，"**单元**"不再只是内容单位，而更像学习单位、微型课程，是相对独立且完整的教育事件。

在这样的单元教学过程中,学生跳出零散的知识点,经历完整系统的学习过程,从而**在"大概念"的统摄下构建起学科知识体系,实现建构性学习**。同时,基于大概念的单元教学将学科课程要培养的核心素养、结构化的学科知识,通过具有真实情境的任务组织起来,并进行及时的形成性评价,使学生在知识学习进阶的过程中,能够有效地发展学科课程要培养的核心素养。最后,基于大概念的单元教学更加注重知识的迁移,能够将当下的知识学习与未来生活和社会实践建立一定的关联,有利于学生体会到所学知识的意义,从而增强学生的学习动机。

5.1.2 基于大概念的单元教学设计流程

在单元教学设计的基础上,我们以把各学科课程要培养的核心素养锚定到具体的教学内容中作为逆向思考的起点,以大概念作为组织知识、链接素养的核心,对教材中的学习内容进行重构,使之成为具有一定目标或主题的学习单元。

和传统的单元教学设计相比,**基于大概念理解的单元提出了更加明确的理解目标:大概念,并以此为基础组织单元学习内容**。为了在整个单元学习过程中使学生实现对单元大概念的理解,我们根据大概念的理解方向设计了贯穿整个单元学习的核心问题。最后为了帮助学生对核心问题进行思考,还精心设置了单元的核心任务和子任务。正是在这样的基础上,我们构建出了大概念统领下的单元学习设计流程模型,如图 5-1 所示。

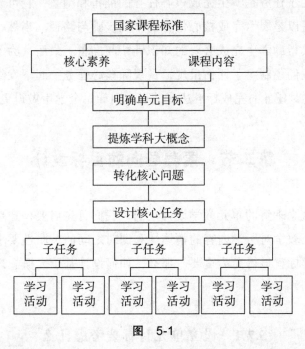

图 5-1

在该单元设计模型中,大概念的意义和提炼方法在前面章节已有详细叙述。这里主要谈一谈"大概念"之外,教学设计中还应具体考虑的几个关键要素:明确单元目标、转化核心问题、设计核心任务及其子任务。

明确"单元目标"是指依照课程标准与课程要培养的核心素养确定出整个单元的学习目标。具体来讲，这个学习目标既包含核心素养在本单元的阶段性要求，也包含课程标准在本单元涉及的学习内容，还包含我们在此基础上，进一步凝练和提升出的单元层面的理解目标：单元大概念。因此，在设定单元学习目标时，应跳出以知识点为核心站位的传统目标设计模式，寻求设立体现核心素养的迁移性目标，追求理解的大概念目标和体现课程标准的知识能力目标。此外，学习目标还应充分考虑师生共识，做到清晰具体、可操作性强。

"核心问题"是为了能够达成大概念理解所设计的问题。大概念高度专业且凝练，是基于教师层面的对学科育人内在价值的共识。因此，它并不适合直接呈现给学生，而是需要通过一定的"翻译"手段转化为学生可以看得懂的问题。在实际教学中，核心问题是呈现在学生面前的最顶层的设计部分。好的核心问题应该直指对大概念的理解，可以在单元整体教学的全过程持续地引导学生深入反复思考，给学生广阔的思考和回答空间。

"核心任务"与大概念、核心问题相匹配，为核心问题的思考和大概念的理解提供了真实情境。学生在完成核心任务时需要经历整个单元的学习过程。因此核心任务的完成情况本身也是反映学生是否达成单元学习目标、理解单元大概念的重要评估证据。基于这样的角色定位，核心任务不是传统意义上的习题或类习题，它在真实、友好、自带驱动力的同时，给予学生个性化创造与展示的空间，具有项目式学习的特质。

核心任务之下的子任务是学生完成核心任务的准备和铺垫，它可以是体现完成核心任务的不同视角，也可以是展示完成核心任务的不同步骤与路径。当然，在完成任务之前还需提供资源与工具帮助学生完成必要的知识铺垫与准备。最后，为了更加有效地引领学生完成核心任务，我们还制定了评估量规，量规随核心任务一起下发给学生，目的不是为了评价，而是使师生对任务的完成标准达成共识，引导每个学生做得更好。

第二节 素养导向的目标设计

在进行基于大概念理解的单元教学设计之前，我们首先需要构建单元目标。相比于传统的课时教学，单元教学对所学内容的整体性和课时之间的关联性要求更高，因此构建更为清晰适切的单元目标就显得尤为重要。那么，如何设计基于大概念理解的单元教学的学习目标呢？

5.2.1 设立单元目标要考虑什么

从某种意义上来说，学校教学活动的目标都是为了帮助学生形成各学科课程要培养的核心素养。但是，由于核心素养的高度抽象性和概括性，如果直接把核心素养或者核心素养下的单元大概念作为单元目标，终将会使其成为空中楼阁，可望而不可及。因此，在核心素养和单元大概念之下设立更为具体、更具操作性的学习目标，就显得尤为重要。作为课程标准和单元具体学习内容的提炼整合，单元学习目标又要具备很强的概括性。它应该是整个单元具体学习内容的系统性梳理和结构化表述。所以设计单元学习目标要从以下几个方面进行考虑。

1 单元学习目标要支撑各学科课程要培养的核心素养和单元大概念的落地

在提炼一个单元的大概念时，我们已经明确了本单元课程所要培养的核心素养是什么，该素养对现阶段学生的要求是什么，以及其在本单元学习内容上的具体体现又是什么。我们设立的单元学习目标，需要对学生理解大概念提供有力的支撑，即明确做到了什么，也就证明大概念的理解可以被实现，从而使得教学有的放矢。比如数学《数据的收集、整理与描述》单元的目标设计（见表5-1）就很好地体现了上述要求。

表 5-1

核心素养的主要表现	数据观念
大概念	从不同角度分析数据的结构或趋势，有助于我们做出合理的决策或预期
单元目标	1. 能够在遇到问题时设计合理的实验调查 2. 能够基于自己的立场，选择合适的统计量进行数据统计和分析 3. 能够多角度分析数据表达的信息，并对结论进行评价

（高远、纪伟、隋子英供稿）

2 单元学习目标要统领课程标准和单元领域内容的学习

任何学习目标的达成都需要相应教学内容作为载体。因此，单元学习目标的确立还要充分考虑课程标准和教材内容的设置，在标准之上进行结构化的提炼处理。比如我们在上一部分提到，单元可以分为"学科单元"和"生活单元"。对于学科单元，我们的单元目标通常倾向于素养与能力；对于生活单元，我们的单元目标通常倾向于情感与态度。下面示例展示了两种单元相应的大概念与迁移目标，见表5-2。

表 5-2

分类	学科单元	生活单元
学科	数学	语文
单元	《四边形》	《面对错误》
大概念	组成图形的基本元素之间的数量与位置关系是决定图形分类、研究图形性质（判定）的重要因素	移情，能促进读者对作者情感的理解
单元目标	能利用未知图形的边角特点探索和发现其性质与判定方法，并解释这些结论的合理性	在阅读中能通过角色体验或互换来体会人物的情感

（王贺、章巍、姜维、吴大军、张冬贺、关亚楠、徐妍、齐慧、马文健供稿）

3 单元学习目标要体现连续性

单元目标上承单元大概念，下达学科具体内容，可以说很好地概括了整个单元的学习。但是站在更广的时间跨度和内容跨度上来看，**学生的学习过程是连续的，学生大脑中的概念联结是统一的。**如果不注意这些，就会使得单元学习陷入孤立，反而不利于学生对知识的掌握和理解。因此在确定单元学习目标时，**不仅要考虑到学生在本单元学习前后所接触的相关学习内容，还要考虑到学生大脑中关于本部分内容已经形成的先前概念和通过本单元的学习将要形成的新概念分别是什么。**从而使得本单元的学习目标做到既不"越界"，也不"孤立"。

上文提到的《数据的收集、整理与描述》单元，学生在学习本单元之前已经在小学阶段学习了相关的统计学知识，对统计量和统计图表都有了一定程度的认知。因此，本单元在设立单元目标时，就不应再把统计量的计算和统计图表的制作当成重点，而应把重点放在数据收集和整理方法的选择以及统计量和统计图表的意义和描述上。当然，由于后面还要学习《数据的分析》单元，所以在本单元的目标设置上要为学生展示出不同的数据收集、整理与描述方法，这种处理方式对将来根据数据分析结果，做出合理决策具有重要意义，进而能够促进《数据的分析》单元的学习。

5.2.2 目标的层级

基于上述设立单元目标时要考虑的因素，根据目标侧重点的不同，我们将单元目标分为迁移性目标、理解性目标、知识和技能目标三个层级进行讨论。

1 迁移性目标

实现迁移可以说是教育的终极目标，单元学习也不例外。**学习迁移是指一种学习对另一种学习的影响，或习得的经验对完成其他活动的影响。**确立迁移性目标就是明确学习所得可以在何种情境或实际生活中迁移应用。所以，我们的单元目标应该呈现给学生通过本单元的学习能够达到的面对真实情境、解决真实问题的预期结果。

从特点上看，**迁移性目标重点在于对应用的强调，而不是对记忆的复述**，这往往需要涉及新的应用情境。根据迁移内容和形式的不同，我们将迁移性目标分为以下两个类型：

（1）目标指出当下学习中获得的知识和能力在其他情境下的应用。如地理学科的迁移目标：在分析一个地区的自然环境和社会生活时，能结合气候带来的影响进行分析。

（2）目标指出当下学习中获得的学习方法和学习能力对其他学习的影响。如音乐学科的迁移目标：从尤克里里的弹奏技法学习中，体会弦乐器的弹奏技法，并应用于吉他、贝斯的弹奏。

2 理解性目标

理解意义是学习迁移的前提，对关键性结论的理解可以帮助我们认清不同现实背景下事物的共同点，从而激发我们的大脑提取长时记忆，对新情境下的问题做出相似处理，实现思维能力的进一步迭代。在单元教学中，大概念就是需要学生在学习过程中不断理解的关键性结论。

不同于基本的知识和技能，判断学习者是否获得了教学者所要求的理解并不容易。一方面是因为理解不是记忆和重复，很难通过直接的检验方式来检测。另一方面，即使我们意识到了学习者的理解之后，我们也很难对学习者的理解程度做出清晰的刻画。所以为了可以更容易地检测理解性目标是否达成，我们对目标进行解读时往往需要加入这样的关键词，如用自己的方式进行……用自己的话描述……只要学习者能够用自己的方式去探索解决一个问题，或者用自己的语言描述清楚一个事实，就说明学习者已经获得了相应的理解。

3 知识和技能目标

知识和技能作为单元学习中最基本的学习目标，是我们在设立单元目标时最熟悉的一类学习目标，同时也是学生能否获得深入理解和实现学习迁移的基础。对于这类目标的设置，应该力求做到具体、直接且毫无疑问。

在大概念引领的单元学习中，单元目标的设立需要明确以上三类目标，以便于后续根据不同的目标形式设计出相应的教学活动和评价方式。例如在进行单元教学设计时，可构建表 5-3 所示的结构。其中迁移性目标明确了单元学习内容在生活中的应用价值和指导意义，而迁移性目标的达成又需要学生理解大概念，并以掌握的知识和技能作为基础。与之相比，传统的课时目标只强调学生的知识和技能，忽视概念的理解和知识的迁移，这也是传统的知识和技能型目标很难承载核心素养落地的一个重要原因。

表 5-3

学科单元	生物学科《人体内的物质和能量变化》单元	历史学科《一战后国际关系的变化》单元	物理学科《压强》单元
迁移性目标	利用物质能量观、结构功能等观点解释生活中的现象，将生命观念应用到生活中	通过学习一战前后国际格局的变化，理解一战前后的国际关系是由资本主义国家的国家利益决定的	能够利用转换法解决问题
理解性目标	生物体是一个协调统一的整体，生物体的各项生命活动都需要依赖物质和能量	国家利益是国际关系的决定性因素	转换法是一种找到两种事物之间的联系，并利用其中一种事物去表示或表达另一种事物从而解决问题的思维策略
知识和技能目标	① 说出人体需要的主要营养物质及其作用，识别营养物质来源 ② 列举几种无机盐和维生素的缺乏症状 ③ 尝试测定某种食物中的能量 ④ 尝试分析测量误差产生的原因……	① 简述一战的基本过程、重要事件与战役，如萨拉热窝事件、凡尔登战役等 ② 能简要说明一战的影响 ③ 通过地图建立空间概念，能够画出简单空间示意图 ④ 准确理解史料的含义，能够区分角度和层次……	① 理解压强的概念、公式、单位，并能应用压强知识进行有关计算 ② 知道增大或减小压强的方法 ③ 培养学生制定计划、设计实验、操作实验、观察实验的能力 ④ 培养学生分析、论证、概括出规律性结论的能力……

（成二超、路鹏、杨冠中、杨清、叶翠、张林春、邵泽慧、闫红卫、林雪松、王立勋、赵丽茹、荆双伟、张瑞斌、刘涛、刘融供稿）

4 目标分类工具

我们还可以借助目标分类工具,对单元学习目标的属性进行更为细致地划分。关于目标的分级分类,可以借助布鲁姆的教育目标分类表,把目标从知识维度上分为:事实性知识、概念性知识、程序性知识、元认知知识四类,而每一类知识又可以从认知过程的维度分为:记忆、理解、运用、分析、评价、创造六种。四种知识维度和六种认知过程交叉组合,就可以产生 24 种目标的小类别。在学习之前,对单元学习目标进行这样的分类有助于我们根据目标的类别选择恰当适切的教学方法,从而充分地实现教学目标。表 5-4 展示了不同学科的一些学习目标在分类表中所处的位置。

表 5-4

知识维度	认知过程维度					
	1. 记忆	2. 理解	3. 运用	4. 分析	5. 评价	6. 创造
A. 事实性知识	知道当代英国主要作家及其作品					
B. 概念性知识		说说邦联制政府的主要特征		能够正确区分有理数和无理数		
C. 程序性知识			会解一元一次方程	整理求 60 的因数的方法,并选出最佳方法		
D. 元认知知识						编一个自己解决几何证明问题的思维图谱

通过对上面几个具体学习目标的分类辨析,可以发现这种目标分类方法对目标的分类比较细致考究,更适于在评价目标达成情况时使用。为了在单元设计刚开始时更好地进行通盘考虑,我们不妨使用韦伯"知识深度"模型(Depth Of Knowledge,DOK)(见表 5-5)对知识进行初步分类。韦伯"知识深度"模型从知识深度的角度对目标进行分类,把目标从低到高依次分为回忆与再现、技能与概念、问题解决与应用、迁移思维与创造四个层级。

表 5-5

知识深度层级	名称
第一级	回忆与再现
第二级	技能与概念
第三级	问题解决与应用
第四级	迁移思维与创造

在 2020 年抗击新冠肺炎疫情居家学习的过程中,小学语文学科设计了《"童"战疫情,我们在行动》的大单元学习案例,对目标进行分类时就很好地使用了韦伯"知识深度"模型,见表 5-6。

表 5-6

第一级:回忆与再现（什么是知识）	第二级:技能与概念（如何使用知识）	第三级:问题解决与应用（为什么使用这些知识）	第四级:迁移思维与创造（还能用知识做些什么）
1. 我能够主动借助读物中的图文认识新冠肺炎病毒 2. 结合简单的方位词介绍小组共同制作的《新冠肺炎病毒手册》 3. 我能正确编排手册页码,巩固对序数的认识	1. 我会收集疫情变化的数据并能进行简单的数据整理 2. 我能从阅读材料中提取简单的信息 3. 我能够通过阅读、听广播等多种方式,总结新冠肺炎病毒的特点和传播方式	1. 通过对字数的估计,合理安排手册版面 2. 我会用所学的八个方位词等数学知识为大家播报疫区所在的方向位置以及疫情变化情况 3. 我能借助对时分秒的认识,合理安排自己的作息时间并制定学习计划 4. 我能根据所学知识,并充分利用身边的物品自主设计一款家人共同参与的居家益智游戏 5. 我能与小组成员合作制做出《一读就懂的新冠肺炎病毒手册》,向人们普及新冠肺炎病毒的知识	1. 根据具体情境,写几句通顺完整的话,如倡议书等 2. 给疫情期间的家人研发健康食谱 3. 假如我是未来世界的一名市长,我能够根据当下疫情对人们的影响,预测未来医疗、教育和生活方式的变化 4. 通过了解抗疫人物的事迹,结合自己实际情况进行合理的职业规划

（王双贝、江秋燕、郭瑶、田宗斐、侯燕、黑月芝、李玉华、周敬一、高凌英、蒋漫如、刘畅、杨帆、宋雪琦供稿）

5.2.3 目标的表述

我们在表述学习目标时,为了使其更加清晰明确,必须在学习目标中体现出四个方面的要素,即:谁在学习,学习什么内容,怎么学,最后学到什么程度。也就是要清晰地描述出学习的行为主体、行为表现、行为条件和表现程度。[一]

1 行为主体

学习目标是指学生通过学习所达成的目标,因此,在描述学习目标时,学习的行为主体一定得是学生,而不能是其他,否则就偏离了学习目标的主体。为了体现这一点,我们在具体书写学习目标时可以以这样的句式开头"学生通过……"。例如"学生通过理解并证明勾股定理,可以在已知直角三角形其中两条边长度的情况下,计算出第三条边的长度。"当然有的时候为了表述的简洁,我们在书写学习目标时可以省略主语,如上例改为"通过理解并证明勾股定理,可以在已知直角三角形其中两条边长度的情况下,计算出第三条边的长度。"

[一] 朱伟强,崔允漷. 关于内容标准的分解策略和手法 [J]. 课程·教材·教法,2011（10）:26-31.

2 行为表现

行为表现就是指学生在学习过程中需要学习的内容或需要完成的任务。因此我们在描述学生学习的行为表现时，要清晰地给出学生的学习行为或学习动作。具体书写时应该采用这样的句式：行为动词加内容名词。其中，行为动词是指学生学习的行为，如列出、背出、算出等。内容名词则是行为动词的操作对象，如语言结构、科学概念、公式结果等。例如"算出所给算式的最简结果"。

3 行为条件

学习目标中的行为条件是指学生完成学习任务的特定限制条件，如对使用范围的限制、对辅助手段的描述、对行为情境的要求等。例如"求出方程在实数范围内的根"，这句话中的"实数范围"就是对使用范围的限制。再例如"借助计算器算出一个数的算术平均数"，这其中"借助计算器"就是对辅助手段的描述。

4 表现程度

表现程度是指学生经过学习后所能达成的学习目标的最低表现水平，主要用来评估学生的学习结果达到了什么程度，如"概括出运算过程的三个要点""写出两个具体的应用实例""运算正确率达到70%"等。

我们来看下面的例子："我将通过对比研究解方程时配方法与因式分解法的运算过程，在程序框图的帮助下，清晰准确地概括出两种方法在解一元二次方程时的优缺点，并结合具体实例给出两种方法的选择标准。"这是一个比较完整的目标表述，其中，行为主体是：我（学生）；行为表现是：对比研究解方程时配方法与因式分解法的运算过程；行为条件是：在程序框图的帮助下；表现程度为：清晰准确地概括出两种方法在解一元二次方程时的优缺点，并结合具体实例给出两种方法的选择标准。它充分包含了上面提到的学习目标的四个方面的要素，所以很容易为大家所理解和执行。

5.2.4 目标设计的常见问题

到目前为止，我们明确了设计单元学习目标时应该考虑的主要因素，以及单元学习目标的层级和表述方式。可以说，在设计整个单元的学习目标时已经有了一定的抓手。下面我们讨论一下设计单元学习目标的一些常见问题。

1 课时学习目标不清晰

当设计好整个单元的学习目标后，就需要把单元学习目标分解到具体的课时去落实。我们的教学以单元整体的形式展开，最后又以单元整体的形式进行评价，这在一定程度上弱化了单元课时之间的边界。和传统一课一得的教学方式相比，怎么让每节课的学习目标清晰明确，就显得更加重要。

为了避免课时学习目标不明确的问题，设计课时学习目标时可以尝试做以下几件事。

（1）提前预判学生会以什么样的方式完成课堂内容的学习。**学生在课堂学习中真正的收获都来源于学生所参与的具体课堂活动**。只有当我们提前对学生课堂中所要经历的学习过程做出准确的预判时，我们才可能在活动之上设定出清晰的学习目标。这样的学习目标也才会有落实的土壤。

（2）制定课时学习目标时，时刻想着这样的几个问题："本单元的学习目标是什么""学生需要在本节课中将单元大概念理解到什么程度""本节课和前后课时学习目标间的联系是不是过渡的比较顺畅"。通过对这几个问题的思考，我们就很容易将本课时的学习目标和本单元的学习目标保持一致。

（3）将课时的学习内容围绕着几个相互关联的问题展开，形成统领课时活动的问题串或问题群。一环扣一环的问题会把学生从操作性的学习活动中拉回对课时学习目标的思考，而问题的指向性也有助于课时学习目标的聚焦。

2 单元学习目标贪多求全

在设置单元学习目标的过程中，我们往往会为了使单元学习目标涵盖更多的单元相关教学内容，而压缩学生用于思考和理解的时间，以使得整个单元的学习不占用更多的课时，这是基于大概念理解的单元教学设计中非常典型的问题。

首先，单元教学和传统课时教学最大的区别就在于知识内容的结构化与主题化。如果我们为了片面地追求知识的全面落实，而在一个单元中涵盖很多单元学习目标，甚至这些目标间还没有紧密的关联，那么这样的盲目贪多求全无疑会给单元的整体架构带来负面影响，从而使得单元教学名存实亡。

其次，基于大概念理解的单元教学，相比于传统的单元教学，在单元目标上尤其强调对单元大概念的理解。因此，我们整个单元的目标和内容组织应该始终围绕着促进大概念的理解来进行。而理解就是要不断地在学习过程中为学生指明"为什么是这样""不这样会如何""应该怎样"的问题。这样的学习过程需要教师不断地停下来关注学生听到哪了，想到哪了，做到哪了，并为此提供充分的时间让学生理解教师如此安排的深刻用意。[○]

基于以上原因，我们在设计单元学习目标时不要刻意地贪多求全，而应该始终围绕着大概念的理解来选择教学内容，设置单元学习目标。为避免这个问题，可以多从以下几个方面进行考虑：

（1）设定单元学习目标时不要专注于知识的灌输，而要多关注如何使学生实现对所学内容和单元大概念的理解。在规划整个单元的学习时间时，一定要在每节课中留出专门的答疑和讨论的时间，为了追求对概念的理解，有时可以适当舍弃掉一部分关联性不是很强

○ 格兰特·威金斯，杰伊·麦克泰.理解为先模式：单元教学设计指南（一）[M].盛群力，等译.福州：福建教育出版社，2018.

的知识和技能层面的目标。

（2）设定单元学习目标时，一定要做好目标的分类，明确单元的迁移性目标、理解性目标（大概念）、知识和技能目标分别是什么。当我们根据目标来组织具体学习内容时，要重点关注迁移性目标和理解性目标，而不是过多地关注知识和技能目标。总之秉持一个原则：知识和技能目标永远是为理解性目标和迁移性目标服务的，为了达成理解和实现迁移，我们可以对知识和技能目标做出任何可能的调整和取舍。

（3）不要把本单元学习内容的预备知识作为单元目标。单元目标应该指向本单元新的学习。比如，在学习整式的乘除时，虽然我们会根据整式的类型（单项式、多项式）对整式的乘除运算法则进行分类讲解，但是我们不应该再把整式类型的区分作为单元目标。

3 应试化倾向严重

基于应对考试的需要，我们在设计单元学习目标时，往往会更倾向于从这个知识点会不会考的角度来衡量是否应该把它作为一个学习目标。当我们发现某个知识点是平时的常考内容，我们就会在设置单元学习目标时把它放在非常重要的位置，而忽略了从整个单元设计全局的角度进行考虑。

很多时候，当我们将单元学习目标过多限制在考试大纲里提到的那些更可能在考试中出现的知识和技能上时，我们已经无形中给自己加上了一把枷锁。这把枷锁会在整个单元的设计与实行过程中桎梏我们的思想，控制我们的行为，从而破坏整个课程与教学的本意，使学生与对他们而言更重要的理解失之交臂。这样的行为就完全丧失了教与学的本心。比如我们会因为某个英文单词不是考纲词汇而不去为学生深入解释其意义，而只要求学生了解中文意思即可，即便对这个英文单词的深入解释会拓宽学生的学科视野。

为了避免这种情况的出现，我们在设立单元学习目标时要多多考虑下面的建议：

（1）将单元学习目标围绕着有价值的内容展开，而不仅仅局限于零散孤立的应试内容。当我们考量一个知识点是否可以设立为单元学习目标时，要充分考虑该知识本身的学科价值，而不是它在未来的考试中会不会出现。

（2）将那些零散的考试内容目标融入目的性更强的学习活动目标中，以使得学生通过参与有效的活动或创造生动的产品达成对知识的理解。[⊖]

（3）不要为了增强学生对考试内容的熟练度，而安排过多的学习时间。以整式乘除单元的学习为例。虽然对计算的强化练习会使得学生在面对相应考试内容时能够快速完成运算并保持较高的正确率。但是我们要知道，对这部分知识的学习除了掌握整式乘除的运算法则，更多的是希望学生能体会到符号表达和运算程序的价值。因此，在组织本单元的学习时，单元目标和学习安排应该倾向于对后者的理解。

⊖ 格兰特·威金斯，杰伊·麦克泰. 理解为先模式：单元教学设计指南（一）[M]. 盛群力，等译. 福州：福建教育出版社，2018.

第三节　指向概念理解的核心问题

核心素养的落地需要一个个学科大概念的支撑，在设计学习活动的过程中，我们既需要清晰适切的单元学习目标，让学生明确学习的结果，也需要"指南针"为学生的学习不断指明方向，这个"指南针"就是核心问题。

5.3.1　什么是核心问题

想让学生在整个单元学习过程中不断获得对大概念的理解，就需要教师为学生设置指向大概念理解的核心问题。

核心问题实际上是大概念在学生层面的"翻译"，就像我们多次提到的大概念和核心问题就像"一枚硬币的两面"，一面是被教师提炼出来具有一定抽象性的指向核心素养的概念，而另一面则是引导学生向着大概念的理解不断思考并不断回答的核心问题。

对于一个高度凝练的单元大概念，它的理解需要整个单元的学习内容作为支撑。但如果在整个单元学习的过程中，没有外界信息给予学生持续的引导和提醒，学生很容易陷入琐碎的知识和技能学习中，忽略对大概念的理解。而如果把对概念的理解转化为一个可以不断回答的问题，那么它就可以在学习过程中被学习者不断想起并回答，而且还可以随着学习程度的深入做出更深层次的回答。

正是大概念和核心问题这样的关系，才保证了学生在整个单元的学习过程中始终可以在问题的引导下有意识地对学习内容进行归纳整理，从而形成自己的观点，直至最终获得对单元大概念的持续理解。那么什么样的问题才可以称为核心问题呢？

首先，核心问题不同于普通的有标准答案的问题，它是一个没有"绝对正确"答案的问题，有时甚至可能存在一定争议，对它的理解会随着一个人学习和经验的积累，而不断调整变化。只有这样，才能刺激学生从不同的视角进行回答，进而激发出对大概念不同角度的理解。

其次，核心问题的存在旨在引发并维持学生的探究活动，使其始终专注于当下的学习。作为一个贯穿整个单元的问题，核心问题不仅承担着在整个单元学习过程中为学生持续指明单元学习方向的重任，与此同时还要吸引学生沿着这个方向持久探究下去。可以说，核心问题是整个单元学习过程的风向标和助推器。

第三，核心问题要能带出一些其他的相关联问题，并能引起学生对大概念和过去经验的持续反思。在整个单元学习的过程中，核心问题需要被大家反复提出。当学生在尝试回答这个问题时，往往会联想到与之相关的其他问题，正是在对这些问题进行思考和回答的过程中，学生不断调动自己的过去经验，从而完成对大脑中过去经验的再一次审视，并进一步实现对认知信念系统的反思重构，这就是核心问题的辐射作用。

在九年级历史《一战前后的国际关系》单元，教师首先根据历史课程要培养的核心素养和单元学习内容提炼了"国家利益是国际关系的决定因素"这一大概念。之后大家开始讨论本单元的核心问题，并提出了以下几个问题备选：

1. 哪些主要事件影响了一战前后的国际关系
2. 在一战后新的国际关系构建过程中，哪些国家起到了重要作用
3. 你认为一战前后的国际关系有哪些特点
4. 为什么说国际关系不是一成不变的
5. 一个国家应该如何处理国际关系

哪一个问题更适合作为本单元的核心问题呢？

很容易发现，第一个问题和第二个问题是存在固定答案的知识性问题，明显不宜作为核心问题。第三个问题显然要好一些，可能引发学生的一些争议，但问题的回答也具有很大的封闭性。

第四个问题比前三个问题都要深刻。学生要想回答这个问题，需要充分了解本单元的学习内容"一战前后的国际关系"，并通过国际关系的变化来说明国际关系并不是一成不变的。因此该问题的回答需要学生学完整个单元，同时对促成国际关系改变的原因的思考也有助于引发并维持学生整个单元的思考探究，使其始终专注于整个单元的学习。另外该问题也可以引出对"国际关系的影响因素是什么""国际关系会如何改变"等问题的思考。

第五个问题则不仅具有和第四个问题同样的优点，一定程度上更为深刻，也更为开放。对于该问题的思考，不仅会促进学生在整个单元学习的过程中对每个国家在一战前后所面对的国际关系是什么样、每个国家自己的选择是什么、选择后面对的结果又是什么等史实的思考。此外还能带出许多相关的问题，比如"处理国际关系应该考量哪些因素""最重要的因素是什么""面对复杂的国际环境，应该怎样做出对自己国家最有利的选择"。它不仅可以贯穿整个单元的学习和思考，还具有很强的迁移属性。对该问题的回答需要学生在对一战前后国际关系变化有清晰认知的基础上，思考不同历史时期形成的国际关系的决定性因素，并根据不同国家的选择得出有益的历史经验，从而给出自己关于一个国家该如何处理国际关系的思考。最重要的一点，学生可以在自己的一生中不断根据整个世界局势的变化对该问题进行持续的回答，思考和验证，而这些回答，思考和验证，最终会使得学生获得对大概念更为深刻的理解。

5.3.2 核心问题的特点

一般来说，一个好的核心问题应该具有以下几个特点。

1 与单元大概念保持高度的一致性

作为大概念面向学生的另一面,核心问题承载着引导学生向着单元大概念理解思考的功能。回答核心问题的过程需要帮助学生不断理解单元大概念,激励学生提出更多相关的问题。因此,核心问题引导的思考方向与单元大概念保持高度的一致性是其存在的前提。

2 核心问题应该保持充分的开放性

核心问题并不是一个拥有标准答案的问题,学生可以通过自己的理解和思考,进行创造性地回答,在这个过程中学生有充分表达自己的空间。因此,核心问题一定要保持充分的开放性,只有这样才能够不断激发学生对问题的深度思考与激烈讨论,也才能使学生在不断思考与讨论中获得对大概念的持续理解。

3 核心问题应该具有一定的通俗性

核心问题作为一个不断引导学生进行思考的问题,必须是建立在学生先前知识和个人经验的基础上。问题提出的方向应该是将抽象的、具有一定深度的大概念转化到与学生认知水平相匹配的程度,最后用他们能够听得懂的语言进行表述。只有这样,学生才能顺利找到回答的切入点,并结合新的学习进一步深入思考,从而不断获得新的理解。

4 核心问题还应该具有相当的持久性

也就是说,核心问题可以在"学习前""学习中""学习后"不断被学生思考和研究。这就需要我们在设置核心问题时,能够为学生揭示出更多不同程度的理解。随着学生未来学习的不断深入,学生对核心问题的回答才可能更全面、更深入,越来越接近最终的迁移性目标。

以上四点是一个优秀的核心问题应该展现出来的基本特点。当然,要求每一个核心问题都能同时具备以上所有特点,可能并不容易。

下面,我们来看两个单元的核心问题。

在中学数学《轴对称》单元,我们提炼了这样一条大概念:图形变换中的核心是研究变换中的不变性。对于这条大概念,我们提出了以下核心问题。

> • 如何理解图形变换中的变与不变

首先,该核心问题与大概念保持了一致性;其次,该核心问题还保持了开放性,只要你学过的图形变换,你都可以谈它的变和不变,既可以从具体的变换入手,也可以从抽象的角度来谈;第三,该核心问题还具有通俗性,充分考虑了学生的先前知识和个人经验。在学习本单元之前学生已经有了对不同变换的特征的思考,这些都构成了他们关于图形变换的过去经验;最后,这个核心问题具有持久性,学生在本单元学习前可以借助之前对图形变换的认知来回答这个问题。同时，在将来学到其他任何一个图形变换时，也仍然可以继续对该问题进行思考和回答，从而不断增进自己对图形变换本质的理解。

下面我们再看一个道德与法治学科的例子。

在七年级《成长的节拍》单元，教师提炼了这样一个大概念：懂得自我、善于充实自我的人，能够不断发挥个人潜能，实现成长。对应这个大概念，提出了核心问题。

- 如何才能更好地认识并发掘自己的潜能

（张丽君、陈亚晓、赵婷、邓鹏飞、蒋周艺供稿）

核心问题首先做到了与大概念保持一致，问题的表述直接把学生引入到对如何发掘自己潜能的思考上。同时这个问题也具备很强的开放性和通俗性，让每位同学能够很容易地介入思考。此外，问题的持久性也有保障，因为随着学生的成长，他们对"如何发掘自己潜能"的认知会更加深刻。但是如果我们只从问题的表面来分析，就会发现该核心问题的一致性与后三个特点相比显得不那么突出，似乎核心问题涉及的思考范围比大概念的理解范围更加宽广。因为学生在思考如何发掘自身潜能时，很难都从懂得自我、善于充实自我的角度进行分析，学生的答案更可能是从各个角度、不同方向的思考得出的。其实这就涉及了另外一个问题，即对核心问题思考方向的引导，除了可以通过问题本身的字面表述进行引导，更多时候是要借助单元内的学习内容进行引导。当我们为学生提供的学习内容都指向"认识自我、充实自我"的时候，学生在回答该核心问题时，自然就向着大概念的理解方向进行了。当然这并不是限制学生的思维方向，因为问题的开放性和持久性足以保证让学生在未来的任何时刻结合自己的最新认知进行思考和审视。

所以从这个示例来看，评价核心问题的一致性，除了要考虑与大概念是否一致外，还需要考虑具体的单元学习内容。问题表述的开放性是建立在一个更长的学习周期上的，而学习内容的阶段性则会把学生的思维引向对当下单元学习内容的思考，从而获得对当下单元大概念的理解。

5.3.3 核心问题的设计过程

从本章5.3.2节对核心问题特点的分析中可以看到，提出一个好的核心问题并不容易。有时我们可以先根据大概念提出一个问题，然后再从核心问题要满足的四个特点进行分析，找出所提问题的不足之处，再对其不断完善，更新迭代。可以说，在整个单元的设计过程中，我们往往需要根据单元大概念和具体的学习内容对核心问题进行反复调整，最终使其符合单元要求。

以四年级音乐《多彩的民族——走进蒙古族》单元为例，在进行单元设计时，教师就围绕着单元大概念，结合核心问题的四大特点进行了三个阶段的优化，见表5-7，最终才得出了比较好的核心问题。

表 5-7

大概念	多彩的民族音乐是在各民族独特的音乐语言和文化中产生的。
核心问题 1.0	蒙古族音乐的风格特点是什么？
核心问题 2.0	少数民族音乐具有哪些本民族的音乐独特性？
核心问题 3.0	少数民族音乐是如何运用本民族特色音乐元素来表现艺术美感的？

（周克娜供稿）

根据艺术课程要培养的核心素养和单元学习内容，本单元提炼的大概念是：多彩的民族音乐是在各民族独特的音乐语言和文化中产生的。

教师最初据此提出的核心问题是：蒙古族音乐的风格特点是什么？可以看到，这样的核心问题贴近单元学习内容，但由于核心问题中专门强调了蒙古族音乐，大部分学生在学习本单元之前并没有蒙古族音乐的相关认知，直接从蒙古族音乐的角度思考可能让他们无法着手。另外，因为只限制在从蒙古族音乐的角度进行分析，当学生学完本单元之后，开始学习其他民族音乐时，这个问题就没有更多思考价值了。这也并不符合大概念提出的"多彩的民族音乐"的设定。

于是教师进一步提出了新的核心问题：少数民族音乐具有哪些本民族的音乐独特性？可以看到，第二个版本的核心问题不仅一定程度上提高了核心问题与单元大概念的一致性，同时也增强了核心问题的持久性。但是，核心问题中"音乐独特性"的概念对于学生来讲显得太过抽象，问题的通俗性较差，且仅仅思考独特性使该问题的开放性也略显不足。

据此改进后得到了第三个版本的核心问题：少数民族音乐是如何运用本民族特色音乐元素来表现艺术美感的？第三个版本的核心问题将具体的研究对象设定为民族特色音乐元素与艺术美感间的关系。这一新的表述和原来核心问题中的"音乐独特性"相比，相当于在保持原来问题立意不变的情况下把核心问题变得更加通俗易懂也更开放，有了很好的迁移性。这样的核心问题可以让学生在学习蒙古族音乐的同时，不断思考民族音乐独特的艺术美感与各民族独特的音乐语言和民族文化的关系，从而在不断思考和追问中获得对单元大概念的理解，培养学生的审美能力。

5.3.4 核心问题设计的常见问题

核心问题在基于大概念的单元教学中有着特殊的地位和重要的作用。可以说，核心问题合适与否直接决定了学生能否在整个单元学习的过程中触及大概念的理解。设计一个好的核心问题并不容易，有时容易遇到以下几个常见问题。

1 核心问题与大概念不一致

核心问题的作用是引导学生持续理解单元大概念，因此，核心问题与大概念是否一致是我们衡量一个核心问题是否达标的根本标准。有些大概念和核心问题放在一起，貌似很一致，但仔细分析却发现南辕北辙。

在小学语文的学习中有这样一个大概念："读懂长句子是低年级学生读懂文章的重要途径。"提出的核心问题是"怎么读好长句子"。

这个核心问题与大概念看似一致，但指向却截然不同。大概念表述的是低年级学生读懂文章的重要途径——读懂长句子，而核心问题的答案却指向读好长句子的方法，这虽然与"读长句子"相关，但却并不能帮助学生理解大概念。

2 将核心问题设置成知识性问题

在核心问题的设计过程中，我们还容易遇到的常见问题就是把核心问题设计成一个知识性问题，从而使核心问题变成了有固定答案的问题。一个知识性问题无法做到引导学生持久深入的思考，因此这样的问题也就起不到单元核心问题的作用。为了更好区分这两类问题，加深对核心问题特征的理解，我们将两者的主要区别梳理成表5-8。

表 5-8

核心问题	知识性问题
1. 可以探讨争论，并持续思考的问题 2. 答案不唯一，且不同的答案都能体现出不同的理解 3. 能够激励学生不断地进行思考，乐此不疲 4. 是真实世界中存在的问题	1. 没有什么可争论的，正确答案都在课本中明摆着 2. 有确定的答案，其他答案不合适 3. 学生没有持续思考的冲动，只是在头脑中对正确答案进行检索和复述 4. 更像只有在考试中才会遇到的问题，缺乏真实情境

3 核心问题过于追求形式，忽视理解

核心问题的重要意义在于引发学生的持续思考和对大概念的不断理解，而不只是追求答案的丰富多彩。换句话说，**追求理解才是根本**，除此之外其他所有都要为了达成这个根本目的而服务。因此，设置核心问题首先要抓住这一根本，对于问题的外在形式不必太过苛求，否则就会舍本逐末、事倍功半。

第四节　自带动力的核心任务

核心问题产生后，我们的单元学习就如同有了方向，即为了追求核心问题的答案而努力。那么如何支持学生探究核心问题？又如何确认学生通过单元学习理解了大概念，提升了素养？

基于真实情境的"核心任务"是一种有效方式，核心任务的完成过程也是大概念迁移运用的实现过程，因此，核心任务成为基于大概念的单元整体教学中的一个重要设计要素。

5.4.1 什么是核心任务

说起"任务",广大教育工作者再熟悉不过了,几乎每节课教师都会设计一个或若干个课堂任务,比如,朗读一遍课文、解一道数学题、完成一个实验、表演一组对话等。那么在大单元教学中,"核心任务"与教师们司空见惯的"任务"有什么区别呢?

核心任务,是一种为实现大概念理解而设计的、能够统领这个大单元的表现性任务。其"核心"意义体现在**能够贯穿整个大单元学习,让整个单元的内容紧密连接在一起**。这个任务不能是学生轻而易举在一节课上就可以完成的,而是具有复杂性和综合性的。需要学生综合运用单元学习中的多种知识和技能,去解决一个基于真实情境的复杂问题或完成一项挑战性任务。

5.4.2 为什么要运用核心任务

那么,为何必须要运用核心任务呢?

大概念架起了核心素养与学习内容之间的桥梁,但**抽象而专业的大概念需要看得见、摸得着的载体,这个载体就是核心任务**。将抽象的大概念放置到具体的核心任务情境中去,完成核心任务的过程,也就体现了学生对大概念的理解和迁移运用。

> 例如,地理学科在进行《区域地理》大单元设计时,为了增强对"区域内的要素是相互作用、相互影响的"这一大概念的理解,设计了制定"东南亚寒假旅行方案"这一核心任务。制定旅行方案这个核心任务与学生的生活息息相关,具有很强的情境感和实用性,可以激发学生的研究热情,需要学生对区域内要素关系的概念性理解进行迁移,同时也帮助我们回答该单元的核心问题"一个区域的地理位置、地形地貌、气候和政治经济文化等要素之间有怎样的关系?"打通了深入理解大概念的关节。

(徐希阳供稿)

因此,核心任务是基于大概念进行大单元教学的重要设计元素,学生的单元学习主要围绕着完成核心任务开展,**核心任务甚至可以说是单元教学的主要对象,是帮助学生回答核心问题的实践路径。**

5.4.3 核心任务的特点

一个核心任务设计的优劣,会直接影响学生对大概念理解的深入程度,也会直接决定学生的单元学习体验。那么一个好的核心任务应该具备哪些特点呢?

1 一致性

核心任务就是为实现大概念理解而服务的,因此应该与大概念、核心问题相呼应。**完**

成核心任务的过程，就是不断思考和回答核心问题，并进一步深入理解大概念的过程。核心任务应该是基于核心问题而设计的，是为了表征或辅助"核心问题"的回答而出现的任务。例如，历史学科《一战后的国际关系》的单元设计即是如此。

> 大概念：国家利益是国际关系的决定因素。
>
> 核心问题：影响国际格局的关键要素是什么？
>
> 核心任务：通过模拟英、法、美、德四国在巴黎和会前的秘密会谈，签订一份各国认同的协议书。任务解读：5人1组，代表一个国家，共英、法、美、德四国，其余学生为裁判。在第一次世界大战结束后的一次秘密会议上，四个主要国家的代表在巴黎和会召开前通过谈判的方式，利用各国间的矛盾与需求，为自己的国家争取当前阶段最有利的国家利益分配方式（或处置方式）。

（曲彦霞、林雪松、闫红卫、邵泽慧、郝沁源供稿）

2 真实性

核心任务最好是指向现实生活中的真实任务，或者是模拟现实情景和体验的。核心问题将抽象概念转化为可以理解的问题，再通过一个贴合学生的真实问题或任务，即核心任务，与学生的生活发生关联，让学生有充分的代入感，激发学生的学习兴趣。比如八年级地理的这个核心任务，就选择了现实的事件——中非合作论坛北京峰会，具有非常强的现实性，因而也会给学生带来更加真实、丰富的学习体验。

> 2018年9月3日，中非合作论坛北京峰会期间，博茨瓦纳总统夫人妮奥·马西西女士及女儿艾特西莱·马西西、中国驻博大使夫人毛雪虹女士，来到我校参观交流。紧凑而别致的参观结束后，妮奥女士对学校的热情招待表示感谢，对学校的多元课程赞不绝口。中博两国地久天长的友谊在我校播下成长的种子。我们八年级的同学积极参与招待和课程互动之中，给妮奥女士及其女儿留下了深刻的印象；同时，妮奥女士勉励我们要刻苦学习，积极保持与博茨瓦纳的交流，长大后利用所学为博中友谊续写新篇。新的学段，我们开启了《认识国家》的地理课程，请你通过对日本、印度、澳大利亚、巴西等国家经济发展案例的学习，对博茨瓦纳地理条件进行系统分析，给妮奥女士致经济发展的建言信，为博茨瓦纳更科学地开展经济发展建言献策，为中博友谊再添华章。

（徐希阳、孙骁、王晓玥、梁乐泉供稿）

3 驱动性

核心任务的设置要能够开启学生的自我系统，激发内在动力，指出持续思考和自我探究的方向，它应当是有趣的，同时也是**能够引发高阶思考的**。比如八年级历史有关二战的

单元,核心任务设计如下:

> 破案——谁是"卡廷惨案"的凶手。根据来自各方的相关资料完成:
> A.《案情分析报告》及其附表;
> B.《凶案调查论述书》。
> 要求:根据自己的能力水平选择最终任务,A.《案情分析报告》——教师提供相应的框架工具;B.《凶案调查论述书》(包含对史料分析和对分析过程的思考)——自己完成小论文。

(曲彦霞供稿)

这个核心任务给学生带来了破案的体验,学生在撰写《案情分析报告》和《凶案调查论述书》的过程中,需要调动全面的学科知识和能力,这个任务就是自带内驱力的核心任务。

4 复杂性

核心任务应该具有一定程度的复杂性,否则学生轻而易举就完成了,则会让学生觉得缺乏挑战且任务无法统领整个单元。应当通过限定问题的环境和条件来匹配学生的水平,并贯穿单元学习始终。这个任务不能太简单,当然也不能太过复杂让学生望而却步,应该有让学生"踮起脚尖够一够"或者通过小组合作可以解决的难度,符合学生的认知和能力发展规律。比如,北师大版语文三年级下册教材中的《英雄》单元有以下三篇课文。

> 《大禹治水》:大禹不辞辛苦,牺牲小我,利用自己的聪明才智,疏通河道,治服洪水。
> 《炮手》:炮手为了国家的利益,从作战的全局着想,而牺牲小家。
> 《小河的歌》:小河常年默默忍受着寂寞、干涸却不停地流淌,为人们播种希望与幸福。
> 核心任务设置为:"穿越时空 对话英雄"颁奖礼。

(马文健、普静、赵晓东、顾珊供稿)

这个核心任务对于三年级学生而言,具有一定的复杂性。学生需要了解三位英雄的事迹,完成采访单;对课文中英雄做出选择的时刻进行内心补白;最后构思完成颁奖词,回答"是什么样的选择成就了英雄?"这一核心问题。

5 可评估性

核心任务的完成是大概念是否理解和迁移的表征,因此核心任务是评估目标的载体,**应当具有可见的结果以及是否达成目标的明确证据**。教师可以通过核心任务的完成情况,了解学生对本单元是否真正理解和掌握。因此,多数核心任务都应该具有较强的表现性,最好是能够被**物化**、**展示**、**表演**。例如,一副相关的作品、一场产品推介会、一段音视频资料等等,以利于评估。

5.4.4 如何设计核心任务

如同大概念和核心问题，核心任务的设计也没有唯一答案或最优答案，都需要根据学情由教师自己确定最合适的任务。但我们可以通过前面提到的核心任务的五个特点来进行评价、优化。

例如，语文学科围绕亲情话题可以设计一个大单元教学。大概念概括为"富于情感的朗读建立在理解文学作品的基础之上，又是表现文学作品思想感情的语言艺术。"我们先来看最初的核心任务：

> 阅读文章《背影》《秋天的怀念》《风筝》《散步》和《母亲》，概括文中的人与事，结合精彩描写体会作者情感，完成课后思考题。

这一核心任务符合学习目标，但是略显单薄枯燥，留给学生发挥的空间有限，思考题也指向零散的知识技能。

我们再来看改进后的核心任务：

> 八年级将举行"朗读者"活动。请你从单元散文中选择一篇你喜欢的文章，做一期打动人心的"朗读者"节目。这个节目应该包含一段能够概括节目的卷首语，表明选择文章的理由和对此文中亲情的理解感悟；一段富有感情的朗读。

（王璐、丁建红、郭秀梅供稿）

改进后的核心任务具备了上文提到的核心任务的几个特点：第一，**真实性**。《朗读者》是一档家喻户晓的节目，学生们都很熟悉，这样的情境创设让学生非常有亲切感和代入感。第二，**驱动性**。在这个核心任务中，学生将有机会自己创编一期节目的卷首语，并声情并茂地朗读，相当于同时体验了电视节目中编导和演员的角色，非常有成就感，这个任务因借助著名的电视栏目而具备了强烈的"内置"驱动力。第三，**复杂性**。比起第一个版本核心任务中"完成课后思考题"的单一任务，改进后版本的核心任务要求学生不仅要认真阅读、还要比较不同文本、撰写推荐词以及练习朗读。这个核心任务相当于一个丰富的任务链，考察了学生多方面的能力，也能更好地服务于大概念的理解和落地。

我们再来赏析物理学科的核心任务改进案例，见表5-9。

表 5-9

单元名称	《电路设计一》
核心任务	自制手电筒
存在问题	离学生生活较远的任务，不能引起学生的学习兴趣，造成懈怠情绪，导致课堂效率不高

(续)

更改后的任务	还有约 300 天就要中考了，为了鼓舞大家的士气，做好学习规划，年级要设置一个计时器，请你画出并组装一个可以从 0~9 进行变化的灯光牌，通过人工控制，每天变换数字
方法策略	任务设置应源于真实情景，和生活息息相关，能更好地引起学生学习兴趣
单元名称	《电路设计二》
核心任务	教学楼的三个物理教室属于老教室，电路设计和安装上有些不合理的地方，请重新画出并模拟组装物理教室的电路
存在问题	是生活中的实际问题，但是任务本身描述不清，学生不明确解决问题的方向，容易造成学生迷茫无措，挑不出重点，造成用时过多，效率不高
更改后的任务	教学楼的三个物理教室属于老教室，电路设计和安装上有些不合理的地方。比如一个教室好几个空调，同时开启可能跳闸，一个开关控制所有灯，有一个灯坏了，但是其他没有坏的灯也不亮了。请你根据学科教室现有的设备，重新画出并模拟组装物理教室的电路
方法策略	任务的描述清晰、具体，给学生明确的条件和目标，让学生更有针对性地进行探究，提高效率

（王立勋、刘融、赵丽茹、张瑞斌、荆双伟、刘涛供稿）

大概念、核心问题与核心任务这三个单元学习最重要的要素的"稳定性"是逐步减弱的。其中大概念的稳定性最强，是学科课程要培养的核心素养在某一部分学习内容上的投影；核心问题是由大概念"翻译"而来的，但会随着学生的学情与年龄特征做出相应的调整；而核心任务却应该常变常新、不拘一格，充分结合时事、本地或本校的具体情况不断更新，比如在新冠肺炎疫情背景下设计的一系列核心任务就不一定适用于日后学生的学习。

5.4.5 核心任务设计的常见问题

1 直接从任务入手设计任务

设计核心任务的起点是大概念与核心问题。任务的根本目的在于帮助学生更为深刻地思考和回答核心问题，从而促进其对大概念的理解。换句话说，**核心任务是手段，而非目的**。但有时我们会凭借以往的教学经验，在头脑中先想到一个"很棒的任务"，却不再考虑它和大概念、核心问题之间的关联度。这样做的结果往往是任务完成得很漂亮，但完成后却发现学生早已忘记对核心问题的思考，就更谈不上对大概念的深入理解了。

2 用活动取代任务

核心任务的设计不能以活动为目的。有学生活动的学习不一定就是单元学习，也不一定都能促进学生对核心素养目标的达成。有时，为了使单元学习的外在形式更加凸显，我们往往会陷入这样一个误区，即大量的学生活动。正如《追求理解的教学设计》的两位作者指出的：

> 活动导向的设计的不当之处在于"只动手不动脑"——就算学生真的有所领悟和收获，也是伴随着有趣的体验偶然发生的。活动纵然有趣，但未必让学生获得智力上的成长。

应该看到，核心任务的形式有很多，学生活动并非任务本身，只是完成任务的方式而已。

第五节 提供脚手架——子任务与资源工具

为了让学生理解大概念，我们设计了核心任务，核心任务的出现让教师在单元教学中的角色发生了转变。由于核心任务对单元学习的统领性，其完成也并非易事。这就需要我们为学生搭建完成核心任务的脚手架减少学生遇到的程序性困难，从而让学生能够更加专注地解决具有挑战性的核心任务。搭建脚手架的具体方式包括：为核心任务进行动作分解，即设计子任务，以及在学习过程中提供丰富完善的资源与工具。

5.5.1 设计子任务

1 子任务的作用

复杂的核心任务通常多角度考察学生的综合知识和能力，往往是以"任务链"的形式出现。那么在这个任务链中的一个个小任务，就可以称为核心任务的"子任务"。

如图 5-2 所示，核心任务与子任务共同构建起单元学习中的表现性任务链。子任务作为核心任务的支撑而存在，在一定程度上起到了脚手架的作用；从"目标—评估对应"而言，子任务既对应单元知识与技能的评估、实现了阶段性的概念迁移，又协助核心任务的完成。

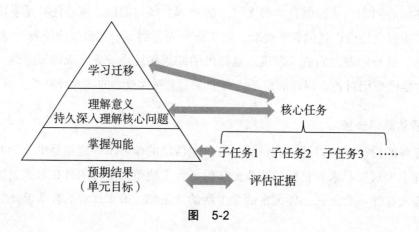

图 5-2

化学学科在"金属"单元设计的核心任务为,"我们计划外出旅游,设计一种加热食品的器皿,请提供一种方案。"为了帮学生搭建脚手架,降低核心任务完成的难度,设计了以下4个子任务,见表5-10。

表 5-10

序号	子任务	设计意图（与核心任务的关系）
1	调查身边常见的金属材料,记录其组成、性质、用途	建立从性质（物理）角度设计材料的视角
2	制作金属活动性顺序思维导图	建立从性质（化学）角度设计材料的视角
3	历史进程中的金属材料应用调查报告	建立从资源、成本（冶炼）角度设计材料的视角
4	实验探究：金属生锈与哪些因素有关？如何防止生锈？哪些金属耐腐蚀？	建立从环保（锈蚀与回收）角度设计材料的视角

（赵芬、于海宁、张文顺、李海洋供稿）

2 子任务间的关系

通向核心任务的子任务是单元整体教学的路径和脚手架。它可以用并列的形式展示核心任务的不同侧面,也可以是具有逻辑顺序的通向核心任务的路径。子任务与核心任务一起,共同组成大单元的有效结构。

人教新目标版英语八年级下册教材中的 *An Old Man Tried to Move the Mountains* 这一单元,就可以从"并列"和"递进"两个思路来剖析子任务之间的关系,见表5-11。

表 5-11

	并列关系	递进关系
子任务一	讲述愚公移山故事	使用 When, Where, Who, What 四个要素简单讲述故事
子任务二	讲述美猴王故事	使用 When, Where, Who, What, Why, How 六个要素讲述故事
子任务三	讲述糖果屋故事	使用 5W1H 六要素,并加入连接词讲故事,让故事更流畅、前后联系更紧密
子任务四	讲述皇帝的新装故事	使用 5W1H 六要素与连接词讲述故事,并用几句话描述该故事的意义与对我们的启示

（范冬晶、米媛媛供稿）

在历史学科《美国史》单元设计中,为了帮助学生完成"撰写《美国现代社会枪支问题的现状调查与解决途径》报告"这一核心任务,三个子任务就呈现出明显的递进关系,如图5-3所示。

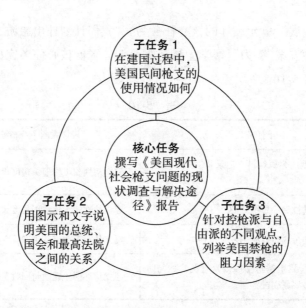

图 5-3

（曲彦霞供稿）

无论是并列关系的子任务，还是递进关系的子任务，都具有紧密的联系，都可以帮助核心任务下的任务链结构化、清晰化，为学生减少完成核心任务的难度，起到脚手架的作用。

3 如何设计子任务

子任务是核心任务的脚手架，既可以直接从核心任务出发，也可以从核心问题出发来设计。

从核心任务出发的思路是，直接将核心任务完成所需要的普遍的知识、技能或理解设计成子任务，见表 5-12。

> **单元大概念：**
> 在篮球比赛中，传、接球是进攻球员有目的的转移球和进行战术配合的必要手段，其完成质量是直接影响比赛胜负的关键因素之一。在不违反规则的情况下，精准的传球是传、接球配合完成的前提和保障。
> **核心问题：**
> 在篮球规则中如何行进间双手传、接球？
> **核心任务：**
> 通过多重考验成为优秀的金牌"饲养员"。

表 5-12

子任务	活动设计
子任务 1 移动达人	复习原地双手胸前传、接球；学习篮球脚下专项步法
子任务 2 移动投喂	初步学习行进间双手胸前传、接球；体能小游戏
子任务 3 快速投喂	行进间双手胸前传、接球；上下肢协同配合发力专项练习
子任务 4 精准投喂	巩固行进间双手胸前传、接球；多种形式行进间传接球

（罗昊供稿）

从核心问题出发的思路则是，设计核心问题下的子问题，然后再设计相应的子任务。例如，道德与法治学科中《维护国家利益》单元。这个单元位于八年级上册第四单元，在先前学习中，学生对成长中的我、我与他人以及我和社会的关系有了清楚的认识，本单元引导学生将认识进一步扩展到国家层面，思考"我和国家的关系是怎样的"的问题。

从核心问题和核心任务出发，聚焦本单元的目标，将其整理为三个子问题，并根据任务设计要求，生成相应的子任务，具体如图 5-4 所示。

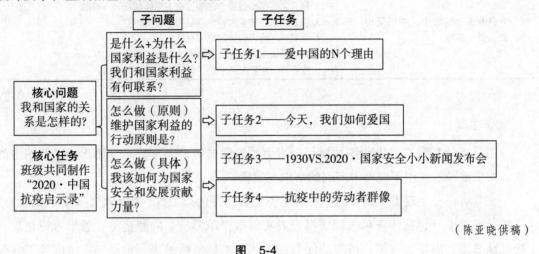

（陈亚晓供稿）

图 5-4

子任务与核心任务一样，应该具备真实性、一致性、复杂性、驱动性和可评估性。例如，在这个单元的子任务 2 "今天，我们如何爱国？"中，选取了由学生真实故事改编的案例，请同学们讨论在小涵处于心理低潮、需要爸爸陪伴时，被派往武汉火神山医院的父亲是否应该答应孩子的请求，在此基础上模拟小涵爸爸进行微信回复。为了使情境真实，教师为人物设计了卡通形象、并提前录制了小涵微信内容的录音，使学生在课堂上也能迅速进入生活情境，为问题解决奠定良好基础。这个子任务就具有很强的真实性、驱动性。

5.5.2 提供资源工具

任何学习过程都离不开资源与工具的支撑。资源包括阅读资源、音频视频资源、网络链接资源等，工具包括自主学习规划指导、自主学习量规、单元结构化思维导图、探究实验设计手册等。

资源与工具是教学的"软实力"，其**丰富性**、**恰当性**、**科学性**对于学生的学习进程有重要的影响，也是将学习进程可视化、规范化的方法。好的资源与工具，能帮助学生顺利地完成子任务与核心任务，进而实现大概念的理解与迁移的单元目标。

1 资源

资源越丰富，学习的拓展性越好，但对于学习者收集和处理信息的能力、思考问题的收与放也有着更高的要求。同时，资源既应具有丰富性，还要兼具个性化。例如，历史学科在学习研究唐玄宗的大单元时，可以提供表5-13的资料，包括可观看的视频学习资料和完成核心任务的思路提示问题。

表 5-13

视频学习资料	思路提示问题
中央电视台纪录片：《中国通史 第44集：开元盛世》	1. 唐玄宗有哪些历史功绩？这些功绩主要体现在哪一时期 2. 唐玄宗有哪些过错？这些过错主要体现在哪一时期 3. 唐玄宗人生的重大转折点是哪一历史事件 4. 造成这一重大转折的原因有哪些 5. 像唐玄宗这样前后反差极大的历史人物应该如何评价 6. 按照评价唐玄宗的方法，完成对汪精卫的评价

（林雪松供稿）

2 工具

工具指的是我们可以利用的模板、指南、说明书等，大多数工具用于特定范围内的对象，如思维导图常用于梳理内容间的结构与逻辑。

工具有任务呈现类工具、思维可视化类工具、评估类工具、指南类工具等，见表5-14。任务呈现类工具包括任务单、调研报告或实验报告单模板、问题链等，思维可视化工具包括思维导图、思路流程图、情节曲线等，评估类工具包括量表、量规等，指南类工具包括实验操作说明书、阅读与解题策略指导手册等。

表 5-14

呈现类工具	任务单、调研报告、实验报告单模板、问题链等
思维可视化工具	思维导图、思路流程图、情节曲线等
评估类工具	量表、量规等
指南类工具	实验操作说明书、阅读与解题策略指导手册等

图5-5的物理实验操作说明书就是一种指南类工具。

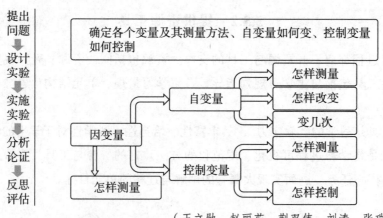

（王立勋、赵丽茹、荆双伟、刘涛、张瑞斌、刘融供稿）

图 5-5

图 5-6 的化学燃料评价要素"鱼骨图"则是一种思维可视化的工具。

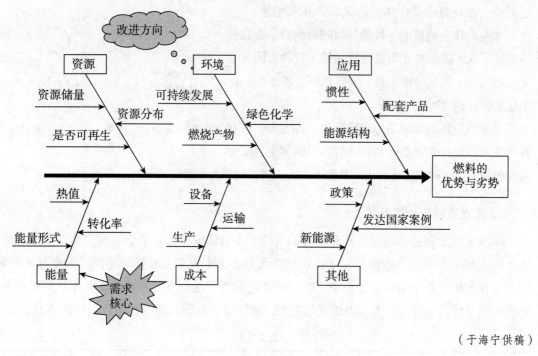

（于海宁供稿）

图 5-6

好的工具不局限于内容，也不局限于学科，具有独立性、灵活性等特点，可以互相学习与借鉴。如图 5-7 所示的情节曲线工具，既可以用在语文学科的记叙文阅读、古诗赏析中，也可以用于英语学科的完形填空分析中。

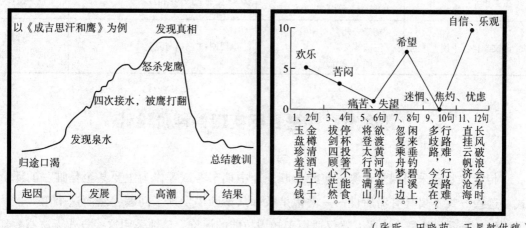

（张昕、田晓萌、王星懿供稿）

图 5-7

此外，还可以根据实际需要设计一些更为个性化的小工具。四年级诗歌单元中，子任务"学习并仿写诗歌"中的学习活动"学习课文，体会诗歌的韵味和情感"，学生在这个活动中可能会遇到困难。此时教师就要提供方法，这个方法就是借助诗歌中的关键词句，反复朗读，在反复朗读中体会诗歌的韵味和情感。

学生在体会情感后，教师如何判断他们是否真的体会到了呢？这时候光靠课堂提问是不行的，因为学生人数太多，可以借助工具——气泡图（图5-8），让学生把体会到的情感写下来。

气泡图（Bubble Map）

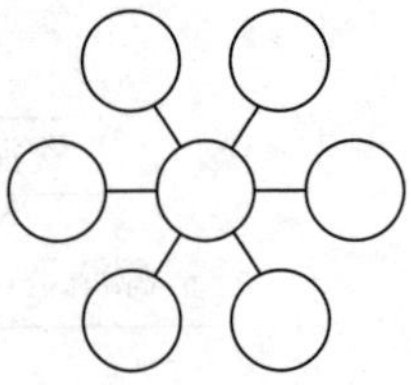

（赵晓东、普静、王双贝、顾珊供稿）

图 5-8

这个气泡图其实就是思维导图的一种变形，但在教师的改良设计和重新命名后，对四年级学生有了更强的吸引力。这种个性化的小工具也不失为一种调动学生兴趣的搭建脚手架的方法。

3 建立资源库和工具箱

单元实施的过程离不开工具和资源的支持。丰富的资源拓宽了学习的广度，多样且科学的工具支撑了学习的灵活性与深度，还可以服务于多个大单元教学和不同的大概念的理解。因此，在大单元教学的探索过程中，教师团队应有意识地积累工具箱和资源库。资源库中的资源按照二维目标进行分类，即单元与类型，便于学科教师们查找和筛选，见表5-15。

表 5-15

单元	文本资源	音像资源	互联网资源
地理学科《区域地理资源》单元	地理书籍、景观图、地形图、政区地图等	电影：《泰囧》《上帝也疯狂》《南极之恋》《黑板》；纪录片：《中东》《走遍欧洲》《非洲》《北极传说》《冰冻星球》	关键词"区域地理要素"
生物学科《被子植物的一生》单元	《科学探索者——从细菌到植物》《植物王国的奇迹》《神奇的植物》等图书	纪录片：《植物私生活》《BBC植物王国》《生命》《开花和传粉》	关键词"被子植物"
语文学科《小说》单元	《杨修之死》《三国演义》《三国志 武帝纪》	电视剧：《三国演义》	关键词"小说中的人物"

第六节　促进目标实现的评价设计

传统课堂多采用课堂小测、单元诊断、期中期末考试等作为主要甚至是唯一的评价方式。这些方式不仅具有滞后性——常常是教师从诊断中发现了问题，然而这个单元也学完了，而且更重要的是，这些方式仅适用于知识技能的评价，单纯采用这些方式无法有效地判断学生对大概念的理解，也就不能清晰地看到他们学科课程需要培养的核心素养是否达成。

因此，大概念引领下的单元评估，要努力实现以下两点：

一是要实现"评价过程"而**不仅是关注结果**，评价的落脚点不再只是给学生一个分数，而是引导学生学习过程。

二是要实现"评价理解"而不仅是关注知识技能，评价的落脚点应该看到学生对大概念与核心问题的理解程度。

基于以上两个目标，除了必要的纸笔测试外，我们还可以运用如下两种方式进行单元评价：核心问题记录单和核心任务量规。

5.6.1 核心问题记录单

前面提到，在单元设计时需要根据大概念设置核心问题，核心问题的答案直指大概念，学生在单元学习过程中需要不断思考。学生对核心问题思考结果的演进过程，本身就是大概念达成效果的有效评价方式之一。

例如在初中数学的《有理数》大单元中，教师在单元开始前设计了两个核心问题：

> 1. 我们为什么要不断扩大数的范围？
> 2. 我们面对一类新的"数"，需要研究它的哪些内容，应该遵循哪些原则？一般的思路是什么？

上述两个核心问题分别对应以下两个大概念：

> 1. 为了更好地描述现实生活并使运算结果更自由，我们不断扩大数的范围。
> 2. 运算法则本质上是人们的规定，使得在原来范围内成立的运算法则和规律，在更大的范围内继续成立，是数系扩张的基本原则。

（章巍供稿）

在单元学习过程中，学生将多次对两个核心问题进行思考并记录在表 5-16 中。每次思考的结果都可能会因学习理解的加深而有所不同，而通过阅读学生的记录表，教师就可以清晰地把握学生的学习过程和结果。

表 5-16

日期	问题1	问题2

再如，在数学《因式分解》单元中，我们设定的大概念是：

> 同一数或式的不同形式会提供不同的信息和视角。

对应的核心问题就是：

> 同一个算式用"和"与"积"两种形式表示,各自的优点和不足分别是什么?

一些学生在单元学习中就形成了如图 5-9 所示的核心问题记录表。

周次	1、同一个算式用"和"与"积"两种形式表示,各自的优点和不足分别是什么?	2、哪类整式的乘法运算适合总结成公式?说说你的判断原则是什么?	备注
9.3-9.9	优点 和:简单易懂 积:表达简单 不足 和:表达麻烦复杂式子太长 积:没有必要时的计算难	乘法换位律和分配律可以简化算式,由同底数或同底数幂构成的运算适合总结。	
9.10-9.16	"和"表达时算式较长,没有积简便,但"和"因为其中每一项式较小,便于与其他进行计算,不容易出错。"积"表达则简明扼要,而如果与相乘之间数值大又无公因数时计算麻烦,但可以用乘法分配律。	乘法分配律和结合律,在总结过程中,可以对同底数幂、同类项等结合使一使公式简化,具有广泛性。而乘法交换律可以调整每一项式的位置,调整符号,便于公式的理解和应用。	
9.17-9.23	"和"计算较烦,容易出错,如果转化为积的形式,计算会简单很多。当一个"和"形式的数相关于整除等式的问题时,无法直接证明,必须同式,或以同样用在两个很大的数相乘时,也可以转化成几个小数的相乘的积的形式。	在计算过程中,运用乘法分配律,和并同类项可以简化式子,还可以拆分式子,将中项式变多项式或变为单项式或简化运算,然后公式。乘法结合律调整代数两式在整式中的位置,便于使用乘法分配律。	
9.24-9.30	和的形式可以使用因式分解来简化式子,有公因式可以使用乘法分配律计算,但很大的式子计算麻烦,积的形式可以更便利的使用乘除计算,使用公式进行计算,不用逆运算,相比和的形式更方便。	乘法分配律和交换律,两者通过调节各项的位置,和并类项,把式子,将多项式变为单项式,把式子总结成简单易懂的形式,然后形成公式。	
10.8-10.14	在比较两数的大小时应使用加法,然后把两数写成积的形式,联式便于与0比较大小。同样正因一个整式的是正整数的也要把数写成积的形式,与0比较大小。还是积的优势。在求一些单项式多项式的值时,将原式化成积的形式运用公式率直除。(如"(-3)^m"、(-3)^(m-2)之和可以使原式m^的值)。还有在指定数法中也适用。	积式是在乘两项之中的特殊情况,如像完全平方式,就是通过乘法以及其中的(a+b)运用乘法交换和结合律总结成公式。直到(a+b)(a+c)也是同样的。于是a^2(-b^2)=(a-b)(a+b)运用的乘法分配律、交换律,还有在这总结公式的过程中也会用到同底数幂的乘法运算法则。爱学在后,根据期间的关系,用这种方法解公式的是问题。	整式的对称性!(a+b)(a-b)=a^2-b^2 (a+b)^2 (a-b)^2 形式、结构特殊,应用时有局限性。

(宋雪琦、王贺、章巍、高远供稿)

图 5-9

当然，判断学生核心问题的回答质量，哪个答案表明其对大概念的理解更深刻，往往需要教师的主观判断。我们可以预设一些关键词和要点作为评估证据，必要时也可以和学生进行面对面的交流，以了解其更深层的想法。

以整个单元的核心问题为脚手架，引导学生在持续地思考、回答、追问核心问题的过程中，学生逐步形成学科大概念。核心问题贯穿整个单元学习的始终，在单元整体教学前、学习中、学习后，学生将多次思考与回答核心问题。通过对比学生在不同阶段回答核心问题的视角、观点、深度等方面，可以将学生大概念形成的过程可视化，从而评价单元整体教学对于学生大概念形成与素养培养的情况。

5.6.2 核心任务的量规

与核心问题一样，核心任务及其子任务也兼具评估的作用，任务本身即是评价，完成任务的过程就是指示目标的达成。

作为实现大概念迁移最为重要的评估证据，核心任务与子任务是学生与单元学习之间最直接的媒介，更是单元背后的大概念、核心素养的支点。如果将某个单元整体教学比作冰山，水面下的庞大支撑部分是学科课程需要培养的核心素养、学科大概念，而露出水面的部分就是具有表现性的核心任务，如图 5-10 所示。

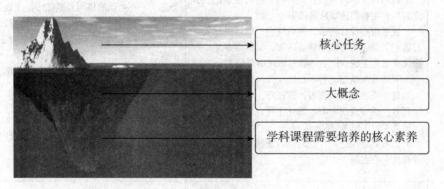

图 5-10

"评估先行，贯穿过程"的模式需要教师在设计单元之初，就将核心任务视为评估证据来考量，可评估性也是核心任务的主要特征之一。

每一个核心任务或子任务到底完成得怎么样，需要一套清晰明确的评估标准，对学生表现进行水平预设和行为描述。这个工具称为"评价量规"。与一般的量表不同，评价量规对表现性任务中的学生表现进行了水平预设和清晰、准确的描述。评价量规不仅为教师，也为学生自我评估提供了详细的参照。

例如，语文课中在进行单元教学设计时，对其核心任务"为家乡献礼——《北京的美》征文比赛"设计了评价量规，见表 5-17。

表

要素\层级	优秀级 （一类文）	良好级 （二类文）
主题内容	1. 我的文章立意符合题意，能凸显"美" 2. 我要表达的主旨是集中的，能抓住北京最具有代表性的某个方面（或几个方面）表现北京的美 3. 我的立意是有层次且深刻，不仅有对表面的、浅层的美的理解，还能结合北京的精神、文化对"美"提出自己的理解和看法 4. 我的主题"美"是通过具体、真实的事件，或者具体、丰富、生动的描写和细节来表现的。（或者说我的文章里有一个或几个**具体、真实、新颖**的事件，**全部**事件围绕主题展开。如果写景，我的文章里要有具体的丰富的景物描写，表现美；如果写事，我的文章里要有**丰富、具体、生动**的细节描写，这些描写**都能够精准地**表现主题"美"）	1. 我的文章立意符合题意，能凸显"美" 2. 我要表达的主旨是集中的，能抓住北京最具有代表性的某个方面（或几个方面）表现北京的美 3. 我试图让立意有层次且深刻，但是我的各层之间逻辑联系不强，我有对精神、文化的理解，但是理解较浅，并且和前文的表述不是一脉相承的 4. 我想通过具体、真实的事件，或者具体、丰富、生动的描写和细节来表现主题"美"，但是我的事件和主题联系不够紧密；我的描写或细节有一部分没有紧紧围绕主题
组织结构	1. 我的结构清晰，**分段合理**，逻辑性强，**展现了对整体效果的思考**，读者能通过我的结构安排轻松读懂全文，明白主题 2. 我的行文详略得当，详写内容约**占全篇的三分之二**，有生动的描写且**紧扣**中心主题 3. 我能**精心设计转承**，逻辑性强，通过点题句或过渡句既展示了每段的核心内容，又能清楚地串联全文并紧扣主题，让主题能够始终贯穿全文 4. 我的开头结尾有精心设计，开头短小简洁，令人眼前一亮，**能吸引读者**，有技巧，**明确点题**。结尾巧妙，能够点明中心，**深化主题、照应前文**，甚至给读者留下思考空间 5. 如需要自拟题目，我的题目**新颖**，能反映内容并抓住中心主题	1. 我的结构清晰，**分段合理**，读者能通过我的结构安排读懂全文，明白主题 2. 我的行文详略得当，详写内容约**占全篇的三分之二**，有**生动的描写**且紧扣中心主题 3. 我能**设计转承**，有通过点题句或过渡句提示结构和主题的意识，但是各段之间的主题句联系不紧密，**主题没有能够始终贯穿全文** 4. 我的开头结尾有精心设计，开头能点明主题，但是不够短小简洁，不够**能吸引读者**，**缺乏技巧**。结尾能够点明中心，**照应前文**，但是对主题的深化不到位，不能给读者留下思考空间 5. 如需要自拟题目，我的题目**反映内容并抓住中心主题**，但不够新颖
语言表达	1. 我的选词使用和搭配正确，我能够使用一些令**人难忘、引人注目的好词**，**用词丰富**，能够准确地传达情感，给读者留下深刻印象，增加了作品的深度和色彩 2. 我的文章句子完整、**通顺，我能准确、巧妙地**使用修辞方法、描写方法，使文章变得生动、形象；能够用**多样的句式**增强作文的表现力和趣味性	1. 我的选词使用和搭配正确，我能够使用一些**好词**准确地传达情感，但是不够新颖，用词也不够丰富 2. 我的文章句子完整、**通顺，我能准确、巧妙地使用修辞方法、描写方法**使文章变得生动、形象，但缺乏句式的变化
格式规范	格式规范，几乎无错别字、标点错误，卷面整洁、美观	格式规范，错别字、标点错误少，卷面整洁

5-17

合格级 （三类文）	加油级 （四类文）	起步级 （四类以下）
1. 我的文章立意符合题意，能凸显"美" 2. 但是我不能抓住北京最具有代表性的某个方面（或几个方面）表现北京的美，我选择的素材不具有北京特色，不具有代表性 3. 我的文章表达对"美"的理解主要局限在对表层的美的理解，缺乏对精神、文化的"美"的看法 4. 我不能用具体、真实的事件，或者具体、丰富、生动的描写和细节来表现主题"美"，我主要是通过抒情、议论的句子表现主题"美"	1. 我的文章不符合题意，没有写出"美" 2. 我的文章选材不是北京具有代表性的某个方面（或几个方面） 3. 我没有具体的事件，也没有具体的描写表现"美"	1. 我的文章不符合题意，没有写出"美" 2. 我的文章没有主题，我也不知道我到底想表达什么
1. 我的结构完整，能够进行**分段**，但是只会分三段，读者通过我的结构安排不太能读懂全文，明白主题 2. 我的行文详略不当，我详写的部分主要在前面，只是在交代前因和背景，和主题"美"关系不大。表现主题"美"的内容占全篇的**不到三分之一** 3. 我不能**设计**转承，没有点题句和过渡句。或者点题句和过渡句不能帮助读者理解我的主题和全文结构 4. 我的开头结尾没有精心设计。开头是随便编的一段与主题无关的句子，主要是为了凑字数。结尾有一两句主题句，但是和前文的事件、具体描写都联系不大，是我为了扣题硬写的，我根本没有想过要深化主题 5. 如需要自拟题目，我的题目**和主题、中心内容有一定关系**	1. 我的结构完整，有开头、主体和结尾 2. 我有分段，但只会分三段。开头一段，中间一段，结尾一段 3. 我没有过渡句和点题句。开头、结尾都没有点题	我的结构不完整，没有写完
1. 我的选词基本搭配正确，但所有的词都比较普通，有一些词用得不够准确 2. 我的文章句子基本完整，部分句子不**通顺，我没有使用修辞方法**	1. 我的选词有很多错误，使用得也不够准确 2. 我的句子有多处语病 3. 我没有使用任何修辞方法，几乎没有用到描写。全篇都是流水账式的叙述	我的词汇有限，错误多；句子不完整，病句多
格式比较规范，错别字、标点错误较少，卷面比较整洁	格式不太规范，错别字、标点错误多，卷面不整洁	没有题目，格式不规范，错别字、标点错误较多，书写混乱

截取这个评价量规的部分内容与常规的作文评分标准作对比,如图 5-11 所示。

项目 等级	内容、表达(36分)	说明
一类卷 (34—40分)	符合题意,内容具体,中心明确;想象丰富、合理;条理清楚,结构合理;语言通顺,有 2 处以下语病 赋分范围:30—36 分	以 33 分为基准分上下浮动,然后加书写项的得分

层级 要素	优秀级(一类文)
主题 内容	1. 我的文章立意符合题意,能凸显"美" 2. 我要表达的主旨是集中的,能抓住北京最具有代表性的某个方面(或几个方面)表现北京的美 3. 我的立意是有层次的,深刻的,不仅有对表面的、浅层的美的理解,还能结合北京的精神、文化对"美"提出自己的理解和看法。 4. 我的主题"美"是通过具体、真实的事件,或者个体、丰富、生动的描写和细节来表现的。(或者说我的文章里有一个或几个**具体**、**真实**、**新颖**的事件,**全部**事件围绕主题展开。如果写景,我的文章里要有具体的丰富的景物描写,表现美;如果写事,我文章里要有**丰富**、**具体**、**生动**的细节描写,这些描写**都能够精准地**表现主题"美")

(王星懿供稿)

图 5-11

与常规的作文评分标准相比,量规有对于学生写作行为质量的清晰细致的描述。这种细致的、表现性的描述既可以让教师评估学生的核心任务完成情况,从而评估学生大概念形成与素养发展情况;也可以让学生进行自我评价,发现自己在写作过程中思维方式上的偏差,进行自我调整,真正实现能力的提升。

又如,在上文提到的历史学科单元核心任务"撰写《美国现代社会枪支问题的现状调查与解决途径报告》"就制作了量规,见表 5-18。

表 5-18

维度	优秀	良好	待改进
资料利用	视角明确,进一步搜集相关资料	视角明确,充分利用教师给出的资料	视角明确,只是摘取教师给出的部分资料
小组合作	小组成员在合作撰写的过程中默契协作、交流充分、分工明确	小组成员在合作撰写的过程中分工明确、交流充分	小组分工不明确、交流不足
文稿字数	文稿不少于 500 字	文稿 300 字以上	文稿不到 200 字
资料引用	撰写内容利用历史材料或数据资料进行论证	撰写内容引用资料进行论证	撰写表述不完整,没有引用资料进行论证
行文条例	条理清晰,分层论述	条理比较清晰,但是没有分层论述	条理不清晰,没有分层论述
史论结合	语句流畅合理,做到史论结合,即既有引用历史事件,又有对该事件的评价	语句不够流畅,但做到史论结合,既有引用历史事件,又有对该事件的评价	语句不够流畅,没有做到史论结合
问题对策	小组针对相关视角问题提出恰当的解决方案或者对策	小组针对相关视角问题提出解决方案或者对策	没有针对相关视角问题提出解决方案或者对策

(曲彦霞、邵泽慧供稿)

在单元整体教学中，除了核心任务外，子任务也可设计为表现性任务，并设计与之匹配的评价量规。这套由核心任务与子任务群、评价量规组成的表现性评价方案贯穿于整个学习过程始终，让学习评估在整个单元学习过程中持续性进行。由于评价量规对表现行为的准确描述，使得学习行为评价主体不仅可以是教师，也可以是学生自己，学生可以依据评价量规不断自评个人学习行为并做出调整，让学习更高效。

5.6.3 多元评价体系的建立

把"对核心问题的持续记录"和"核心任务与子任务的评价量规"作为单元评价策略，并不表示要全盘抛弃传统的纸笔测试。我们可以尝试结合多种评价方式，构建一套既能够涵盖单元教学的学前、学中、学后节点，又能够涵盖知识技能与概念素养两个维度的评价体系，如图 5-12 所示。

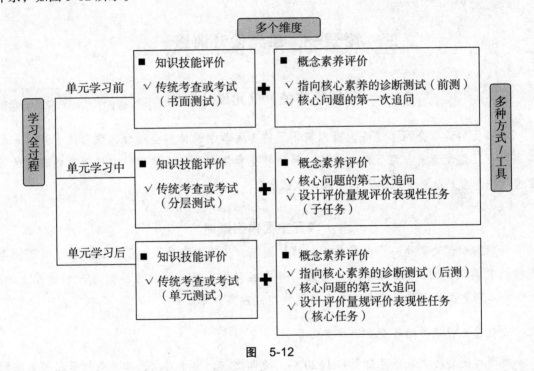

图 5-12

这套评价体系，以学科课程要培养的核心素养为导向，评价维度多元，形式多元，覆盖学习全过程，具有综合性与多元化的特点。评价不仅关注知识技能，更关注大概念的形成、素养的发展，设计多种评价方式与评价工具，让大概念形成与素养发展可观测、可评价。评价关注学生学习全过程，分析学前、学中、学后学生学科大概念形成与素养发展的关键表现，展示学生在单元整体教学中素养进阶的动态过程。

在围绕大概念的单元教学实践中，评价不再像传统的教学那样以学习内容结束时的一张试卷来检测学生的学习成果，而是将评价贯穿单元教学的始终。

附 录

附录一 单元设计训练

《美国的移民》单元设计训练

本书已向读者介绍了提炼大概念统领下的单元教学设计的全过程，现为读者提供一个实践案例，供读者亲自经历概念提炼、问题转化和任务设计的过程，相信大家在真实的问题情景中，会产生更多的想法。一起来试试吧！

单元主要内容概述[一]

众所周知，美国是一个非常典型的移民国家，毫不夸张地说，是移民造就了美国，也是移民发展了美国。400多年来，移民们怀着各自的梦想，远涉重洋先后来到这片土地。如今的美利坚民族实际上是由100多个民族组成的混合体。

吸引移民曾是美国最重要的外交任务

美国移民的历史最早可追溯到1620年。建国之初，出于对欧洲拿破仑战争以及本国国内就业环境的担心，美国政府在移民问题上疑虑颇多，曾制定过一些限制移民的政策。因此，在1796—1815年间，到美国的欧洲移民平均每年只有大约3000人。

拿破仑战争结束后，因国内建设需要，美国改变了限制移民的政策。从1820—1920年的100年间，美国一共接纳了大约3350万移民，这场持续百年的移民潮被美国历史学家称为"伟大的人类迁徙运动"。

[一] 选文参考了 https://yimin.liuxue86.com/y/3490014.html。

第一次移民高潮发生在 1820—1860 年，这期间移民总数高达 500 万人。移民主要来自西欧和北欧，还有大量从非洲贩卖来的黑奴，也有少数来自亚洲，主要是去美国淘金的中国人。

第二次移民高潮发生在 1861—1880 年，这期间约有 500 万人移民去到美国。当时美国迎来了工业化的高峰期，对劳动力需求旺盛。为了吸引欧洲移民来美国，1864 年，林肯总统游说国会通过了《鼓励外来移民法》。美国一些企业还组团赴欧洲招聘，对有移民愿望的欧洲人描绘美国诱人的前景，甚至还对愿意移民美国的欧洲人提供路费。

第三次移民高潮发生在 1881—1920 年，这期间移民人数猛增到约 2350 万人。这一阶段，美国政府多次立法，限制欧洲移民，排斥亚洲移民。

经过这三次移民高潮，1920 年美国的人口总数首次超过 1 亿人，其中移民数量占美国人口年增长数的 20% 以上。

移民改变了美国的命运

美国历史上的这三次移民潮不但对美利坚民族性格的形成产生了深刻影响，而且使得美国在短短 100 多年里就能够迅速崛起，取代英国成为世界头号经济大国，并为以后成为世界超级大国打下基础，可以说是移民潮铸就了美国的强大。

外来移民还在美国南北战争时为拯救联邦、废除黑奴制度做出了贡献；在美国东部的隧道和铁路工程中，爱尔兰人、德国人、意大利人等西欧人和北欧人是主力；在改变了美国早期政治格局和社会面貌的"西进运动"中，中国劳工的作用同样不可小视。在移民潮中，美国坐享其成，无须教育和培训就从欧洲得到成千上万的熟练工人。据统计，1871—1892 年间，来自西欧和北欧的移民中，有大约 23% 是熟练工人，他们带去了钢铁、纺织等工业技术，成为美国工业革命的重要技术力量。至今，美国各行各业的优秀人才中仍有许多是移民。

移民浪潮引发排外逆流

在持续 100 多年的移民潮中，外来移民都经历过这样或那样的排斥。就美国政府来说，其移民政策也并非一成不变。1815—1882 年间，美国政府实行完全自由的移民制度。但是从 1882 年开始，美国移民政策发生了很大变化。限制和排斥外来移民的法律一个接一个出台。其中的规定更是千奇百怪。1920 年以后，美国彻底结束了自由移民的时代，开始实行有配额的限制性移民政策。

由于在就业、宗教和民族问题上的矛盾，1880—1920 年间美国排外主义发展到了登峰造极的地步。华人、日本人、犹太人、意大利人和匈牙利人等都成为美国本地工人和西北欧移民肆意排斥和迫害的对象。在这一时期，由美国本地人和先来的西北欧移民新教徒组成的"美国爱国者联盟""美国联盟""美国保护协会"等排外组织应运而生，这些组织到处煽风点火,把这一时期美国社会出现的政治腐败、市政建设滞后、犯罪率上升和人民生活水平下降等问题都归咎于新移民的到来。

二战结束后,随着美国民众对移民态度的理性化,移民对美国的贡献逐渐被大多数美国人所承认。正如美国前劳工部长赵小兰所说,"美国要感谢移民的贡献。巨大的移民浪潮不仅给美国带来了丰富的文化遗产,也给美国的发展提供了动力。"

爱丽丝岛——通往美国的大门

要讲美国移民历史一定不能错过爱丽丝岛(Ellis Island)。爱丽丝岛是美国联邦移民站,自1892年1月1日开业到1943年,约有1700万名移民通过该岛审查进入美国。

19世纪,因为土豆病毒造成的饥荒和战争,大批欧洲移民涌入美国,从纽约港登陆。在登陆前,爱丽丝岛是最后一关。这个岛被称为"Island of Hope, Island of Tears(希望之岛,眼泪之岛)"。因为通过了这个岛,就有希望进入美国。来美国的人每人要缴纳18~25美金,通不过的人将买船票被遣返回国,18~25美金当年可是巨款。

在1600年代,当地印第安金神部落把它称为"Kioshk",只有3.3亩地。1628年,荷兰殖民者改名"牡蛎岛"。1785年1月20日,塞缪尔·埃利斯购买并改名为"Ellis Island(爱丽丝岛)"。爱丽丝岛在1808年被出售给联邦政府,一直到1890年,它在美国历史上都发挥重要的军事作用。多年来,这个进入美国的大门不断被扩大,从原来的3.3亩扩大到27.5亩。它的主楼废弃30年后,作为一个移民博物馆,1990年9月10日对公众开放。今天,超过40%的美国人可在爱丽丝岛移民博物馆追溯到他们的祖先。

练 习

以《美国的移民》单元为案例,参考"单元主要内容概述",尝试以不同方法、路径提炼出适合该单元的大概念。

练习1:利用"现成的"大概念

提示: 寻找现成的大概念、结合单元内容具体解读、合适层次的学科观点、兼顾学科性与适切性……

练习2：创生"全新的"大概念

提示：自上而下或自下而上、学科核心素养的维度与层级解读、内容承载的学科本质与价值、处于学科核心素养与内容之间的合适位置……

练习3：架构"关联的"大概念

提示：学科内部的内容载体与认知发展、对于同一内容载体的不同学科视角的解读……

练习 4：判断大概念的层次

将右侧的一些"大概念"填入左边的框架中。

不宜作为大概念：	大概念——《美国的移民》： 长久以来，爱丽丝岛是美国联邦移民站
仅为知能层面的大概念：	大概念——《美国的移民》： 全球化和世界历史对美国移民有极大影响
	大概念——《美国的移民》： 当今的美国是一个多民族的"大熔炉"
	大概念——《美国的移民》： 从一定意义上说，是移民铸就了今天强大的美国
作为学科层面的大概念：	大概念——《美国的移民》： 美国一直在移民的利益和风险间寻找平衡
	大概念——《美国的移民》： 一般来说，任何国家政策的出台都是一把双刃剑
更高层面的大概念：	大概念——《美国的移民》： 凡事有利有弊，决定通常是权衡利弊的结果

练习 5：判断核心问题

将右侧的一些"核心问题"填入左边的框架中。

不宜作为核心问题：	核心问题——《美国的移民》： 在美国的移民进程中，都发生了哪些主要事件
仅为知能层面大概念对应的核心问题：	核心问题——《美国的移民》： 在美国的移民进程中，哪些人起了重要作用
	核心问题——《美国的移民》： 为什么说当今的美国是一个多民族的"大熔炉"
	核心问题——《美国的移民》： 你认为谁是真正的美国人
作为学科层面大概念对应的核心问题：	核心问题——《美国的移民》： 一个国家应该允许什么样的人入境乃至移民
	核心问题——《美国的移民》： 国家政策的制定和出台，都应该考虑哪些方面
更高层面大概念对应的核心问题：	核心问题——《美国的移民》： 我们在日常中面对一些选择时，应该如何做出决定

练习6：为单元设计核心任务及其子任务

根据确定的大概念与核心问题，为本单元设计一个核心任务，如有必要可以进一步设计一些子任务（可用文字或图表形式呈现）。

> 参考与提示

以下不是"标准答案",单元设计也没有"标准答案",仅供大家参考。

练习1:利用"现成的"大概念

人类的迁徙(移民)是对挑战和机遇的反应
(选自澳大利亚堪培拉文法学院IB课程中的主旨思想)

↓

大概念:美国移民受全球化进程与国家政策的影响
(结合单元内容,对美国移民的挑战与机遇进行更具体解读)

练习2:创生"全新的"大概念

自上而下:

唯物史观
(历史学科核心素养)

↓

社会存在决定社会意识、生产力决定生产关系、经济基础决定上层建筑、人民群众是历史的创造者、人生的真正价值在于对社会的贡献等
(对唯物史观素养的分维度解读)

↓

人民群众是历史的创造者
(聚焦唯物史观的具体维度)

↓

大概念:从一定意义上说,是移民铸就了美国的独特与强大
(结合单元内容,聚焦唯物史观的具体维度进一步具体解读)

自下而上:

大概念:美国一直在移民的利益和风险间寻找平衡
(结合核心目标与学科核心素养、思维、方法表达内容背后的学科观点)

↑

史料实证:史料分类、史料辨析、史料运用、观点论证等形式
(对应关联学科核心素养与学科思维、学科方法等)

↑

移民对于美国的影响、美国对于移民的态度
（聚焦核心目标）
↑
吸引移民曾是美国最重要的外交任务 → 移民与美国政策
移民改变了美国的命运 → 移民对于美国的积极影响
移民浪潮引发排外逆流 → 移民对于美国的消极影响
爱丽丝岛——通往美国的大门 → 移民的历史与起源
（分析不同内容承载的知识与认知目标）

练习3：架构"关联的"大概念

学科内部：

大概念：国家决定是权衡利弊的结果
内容载体：《世界史》主题与相关内容

↓

大概念：美国一直在移民的利益和风险间寻找平衡
内容载体：《美国的移民》

＋

大概念：国家间的共同利益诉求产生合作
内容载体：《欧盟的成立》

＋

大概念：战争是利益冲突的集中爆发
内容载体：《第二次世界大战》

＋

……

跨学科：

跨学科主题：美国成为超级大国的原因

↓

历史大概念：从一定意义上说，是移民铸就了美国的独特与强大

＋

地理大概念：美国的自然地理要素有利于自身发展，也有利于躲避区域战争

＋

艺术大概念：国家的文化输出与文化辐射受国家综合实力的影响

＋

……

练习4：判断大概念的层次

不宜作为大概念：

> 大概念——《美国的移民》：
> 长久以来，爱丽丝岛（Ellis Island）是美国联邦移民站

仅为知能层面的大概念：

> 大概念——《美国的移民》：
> 全球化和世界历史对美国移民有极大影响

> 大概念——《美国的移民》：
> 当今的美国是一个多民族的"大熔炉"

> 大概念——《美国的移民》：
> 从一定意义上说，是移民铸就了今天强大的美国

作为学科层面的大概念：

> 大概念——《美国的移民》：
> 美国一直在移民的利益和风险间寻找平衡

> 大概念——《美国的移民》：
> 一般来说，任何国家政策的出台都是一把双刃剑

更高层面的大概念：

> 大概念——《美国的移民》：
> 凡事有利既有弊，决定通常是权衡利弊的结果

练习5：判断核心问题

不宜作为核心问题：

> 核心问题——《美国的移民》：
> 在美国的移民进程中，都发生了哪些主要事件

> 核心问题——《美国的移民》：
> 在美国的移民过程中，哪些人起了重要作用

仅为知能层面大概念对应的核心问题：

> 核心问题——《美国的移民》：
> 为什么说当今的美国是一个多民族的"大熔炉"

> 核心问题——《美国的移民》：
> 你认为谁是真正的美国人

作为科学层面大概念对应的核心问题：

> 核心问题——《美国的移民》：
> 一个国家应该允许什么样的人入境乃至移民

> 核心问题——《美国的移民》：
> 国家政策的制定和出台，都应该考虑哪些方面

更高层面大概念对应的核心问题：

> 核心问题——《美国的移民》：
> 我们在日常中面对一些选择时，应该如何做出决定

练习6：为单元设计核心任务及其子任务

例如（不唯一）：

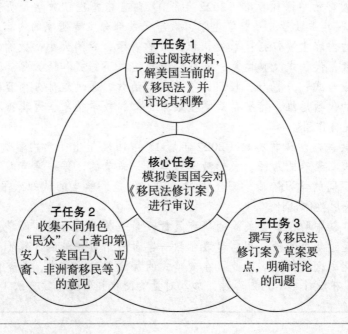

附录二 单元设计案例

《整式的加减》单元教学设计

📝 基本情况		
学科：初中数学	年级：七年级	单元主题：整式的加减

📝 单元设计理念

　　本章的主要内容是用列式表示数量关系，整式的有关概念及整式的加减运算，是在学生已有的用字母表示数以及有理数运算的基础上展开的。整式的加减运算是学习下一章"一元一次方程"的直接基础，也是以后学习整式的乘除、分式和根式运算、方程以及函数等知识的基础，同时也是学习物理、化学等学科及其他科学技术不可缺少的数学工具。

　　本章主要包括两部分内容：前部分"整式"主要介绍单项式、多项式、整式及其相关概念。这些概念是结合实际问题给出的；后部分"整式的加减"是在学习合并同类项和去括号的基础上，研究整式加减的运算法则，重视"数式通性"，是在有理数运算的基础上，通过类比来研究整式的加减运算法则。

📝 单元设计说明

📝 **贯通整个"数与代数"领域**：将代数思维作为整体设计课程链，在本章中初步渗透函数思想

　　在《义务教育数学课程标准（2022年版）》前言中指出"数学是研究数量关系和空间形式的科学。"其中数量关系是学生学习数与代数部分主要研究的内容。在义务教育阶段，数与代数的内容主要包括：数的认识，数的表示，数的大小，数的运算，数量的估计，字母表示数，代数式及其运算；方程，方程组；不等式和函数等。这些内容可以分为三个模块：数与式、方程与方程组、不等式与函数。通过这部分内容的学习，可以锻炼和提高学生的代数思维，特别是对学生数学运算、数学抽象、逻辑推理和数学建模能力的培养起着关键作用。

　　在《义务教育数学课程标准（2022年版）》中明确指出：对内容进行结构化整合，探索发展学生核心素养的路径。虽然教材内容是分章节的，每一章有着不同的具体知识内容，学生在不同的学习阶段学习不同的知识。但是，学生的认知水平是逐渐深入的，因此教学应该采用整体设计。

　　具体来看，初中阶段数量关系的研究是数—量—关系的研究，而学生要达到将字母看作变量需要经过几个阶段：用字母表示数—字母表示量—量的计算（合并同类项）—量的变化—变化之间的关系。因此，在《整式的加减》这一章中，从整体教学或者说单元教学的角度，在设计本单元内容时，加入对量的变化和研究函数方法（表格）的渗透。

贯通单元内容设计整个单元学习任务

《整式的加减》这一章的特点为：概念多、知识点零碎、枯燥乏味、缺乏趣味性，学生容易陷入计算中，不愿意深入学习；同时，在技能训练中目标不明确，耐心不足，无法坚持，缺乏成就感。因此，在本章中设计了以"魔术"为主题的学习任务（核心任务和子任务）。

单元学习目标

量的理解

能够有用字母表示量的意识，能够分析简单问题中的数量关系，并会解释和应用。

量的计算

理解整式的概念，掌握合并同类项和去括号法则，能进行简单的整式加法和减法运算。

量的变化

会根据给出的具体条件，求代数式的值，并能观察和分析代数式中量的变化对代数式值的影响，初步描述变化规律。

大概念

符号是数学抽象的重要表现形式，引入符号使数学具有更大的普适性，用符号表示推理与运算的结果具有一般性。

核心问题

1. 数学中为什么要使用字母？字母都可以做什么？
2. 含有字母的运算与数的运算的有哪些区别和联系？

核心任务

数学魔术不是异想天开的神话故事，也不是虚幻缥缈的天方夜谭，而是用逻辑推理演绎的玄妙乐章。请将你在本章中掌握的数学原理与魔术相互融合，创设一个数学魔术，并表演给身边的小伙伴！

子任务

☆ **子任务1 神奇的"纸牌"**

沃弥尔星上有一位神奇的"纸牌"魔术师。魔术师让玉米老师、小海和小棠三人分别拿着相同数量的纸牌，并且每人的纸牌张数不得少于10张。

玉米老师　　　　小海　　　　　小棠

（1）玉米老师将手里的两张纸牌给了小海，同时，小棠拿了一张牌给小海。接着，玉米老师又数了数自己手里的牌数，告诉了小海。小海拿出这个数目的纸牌给了玉米老师。这时，魔术师说话了，他说："我可以猜出此时小海手里牌的数量是5。"小海和小棠一脸疑惑地看着魔术师，你能帮助他们发现"纸牌"的奥秘吗？

魔术师不知道最开始我们手中的牌数，却能说出最终我的牌数，太神奇了。

当我们面对一个复杂的问题时，可以通过列表的方式帮助我们梳理数量关系哟！

这个过程好复杂呀，绕来绕去我都糊涂了。

请帮助小海和小棠完成下表，并借助表格发现魔术"纸牌"中的奥秘。

人物 任务			
初始纸牌的数量			
第一次拿出纸牌后，纸牌的数量			
第二次拿出纸牌后，纸牌的数量			

在完成上述表格的过程中，我发现纸牌魔术中蕴含的"奥秘"是：

（2）恭喜你帮助小海和小棠发现了纸牌魔术的"奥秘"。请你思考：怎样改写魔术规则，可以使得小海手中最后剩余的纸牌数为10？

我改写的魔术规则是：

☆ 子任务2 日历中的"魔力"

在破解了"纸牌"的奥秘之后，小海和小棠很快被另外一位拿着日历的魔术师所吸引。

（1）魔术师手里拿着沃弥尔星2050年的日历，请小海随便翻到一个月份，并在这个月份上框出一个3×3的方框。小海同学翻到了日历的8月份，并按照魔术师的指示，框出方框。接着，魔术师让小海先圈一个数，然后划去与它同行同列的其他数；再在剩余的数中任意圈一个数，划去与它同行同列的其他数；最后只剩下一个数，圈起来，这样圈起来的一共有三个数。这时，魔术师说道："小海圈出的三个数的和是39"。

我在心中第一个圈的数是7，然后按照魔术师的指示，划去了5、6和14、21；接着，在剩下的数中，圈上了12，划去了13、19，最后剩下了20。我圈的三个数分别是7、12和20，他们的和是39。

魔术师根本不知道我圈出的是哪些数，却能说出最终我圈出的数的总和，太神奇了！

日历上同行相邻的数、相邻两行的数之间有什么规律呢？

若框出的3×3方框中的第一个数为 a，请表示下表中其他的数。

a		

请你借助上面的表格帮助小海和小棠揭示"日历"魔术中蕴藏的"奥秘"。

我的思考：

（2）恭喜你获取了"日历"中的魔力。这时，魔术师又说道："我的魔术还有升级的版本，仍然是这份日历，请你框出一个4×4的方框，先圈一个数，然后划去与它同行同列的其他数；再在剩余的数中任意圈一个数，划去与它同行同列的其他数；再在剩余的数中任意圈一个数，划去与它同行同列的其他数；最后只剩下一个数，圈起来，这样圈起来的一共有四个数。我仍然知道这四个数的总和。"

请将你的思考写在下面：

☆ **子任务3 "盒子"中的奥秘**

在玩过了"日历"魔术之后，沃弥尔星上的族长抱着一个盒子出现了，原来族长也是一位魔术大师呢！族长手里的盒子具有神奇的魔力，当将任意有理数对(a, b)放入盒中时，就会得到一个新的有理数：$a^3+3a^2b+3ab^2+b^3$。

（1）小海拿到盒子后，将有理数对$(-2, 3)$放入盒中得到了有理数m，再将有理数对$(m, -7)$放入盒中，请你思考，这时得到的有理数是多少呢？

（2）小棠拿到盒子后，先放入有理数对$(2014, -2015)$得到了有理数x，再放入有理数对$(-2015, 2014)$得到了有理数y，但是关于x和y的大小问题，小海和小棠的意见不一致。

小海的意见：

肯定是$x > y$，你看第一个有理数对的第一个数是2014，它的立方是一个比较大的正数，而第二个数对中第一个数是–2015，它的立方是一个负数，所以肯定是$x > y$。

小棠的意见：

我觉得是$y > x$，虽然数对中的第一个数一正一负，但是后面计算–2015的平方×2014以及2014的立方都是很大的数，而2014的平方×（–2015），以及–2015的立方均为负数，所以肯定是$y > x$。

你觉得小海和小棠的想法谁的正确呢？

（3）族长说："这个盒子中蕴含着强大的魔力，你可以随意找到一个数对放入其中，这时会产生一个有理数。同时，我会立刻找到另一个数对，将我找到的数对放入其中，会产生相同的有理数。"

请你帮助小海和小棠揭示"盒子"中蕴含的"奥秘"。

（薛宁宁、高远供稿）

《万物有灵》单元教学设计

📝 基本情况		
学科：小学语文	年级：五年级	单元主题：万物有灵

📝 单元设计理念

　　个人的生存与发展离不开社会提供的种种条件，也离不开环境的制约。社会是由人组成的，人们的科技研究和生产劳动推动着社会的进步和发展。本单元通过对老物件背后故事的解读，通过物品的时代变迁，深刻理解社会的发展和进步。

　　具有问题意识，能独立思考、独立判断，保持好奇和质疑的态度，在收集大量信息基础上做出正确判断，能多角度、辩证地搜集资料，分析问题，做出选择和决定。

　　语文课程要培养的核心素养中"语言建构与运用"要求学生能在已经积累的语言材料间建立有机的联系，将自己获得的语言材料整合成为有结构的系统。"思维发展与提升"要求学生能在阅读与鉴赏中运用联想和想象，丰富自己对现实生活和文学形象的感受与理解，丰富自己的经验与语言的表达。本单元通过对一系列物品的描写，发展学生语言建构与运用能力，提升学生思维发展。《义务教育语文课程标准（2022年版）》中第三学段要求学生"阅读叙事性作品，了解事件梗概，能简单描述自己印象最深的场景、人物、细节，说出自己的喜爱、憎恶、崇敬、向往、同情等感受"。

📝 大概念

　　一花一鸟总关情。人们在对客观事物的描写中往往蕴含着对过往人或物的思念。

📝 单元学习目标

　　1.体会文章中描述的事物，有感情地朗读文章，能够联系背景知识和生活实际思考作者在具体事物中寄托的思想感情。
　　2.学习文章中借助具体事物抒发感情的方法，掌握"借物喻人"的表达方式。
　　3.能够通过自己对身边事物的细心观察，写出自己对一种事物或物品的感受。

📝 核心问题

　　如何解读具体事物才能让读者产生情感的共鸣？

📝 核心任务

　　献礼祖国70华诞——为身边承载记忆的"老物件"建一份档案。

📝 子任务		
☆ 子任务1 利用假期走进博物馆或展览馆，记录你所见到的展品，思考你对"老物件"的理解	活动设计	任务内容
	本项任务为学习预热，学生利用假期记录自己看过的展览，形成对"老物件"的理解，进而联系自己的生活，发现"老物件"的踪迹	课时计划：走进博物馆或展览馆了解"老物件"，并通过思维导图的形式展示对"老物件"的理解
☆ 子任务2 寻找身边的老物件，了解老物件的来历，完成采访单	活动设计	任务内容
	带着一双发现的眼睛，去寻找身边那些沉淀历史岁月的物件，它或许是一台年久失修的缝纫机，或许是一张泛黄的老照片，抑或是一个闲置的算盘，也可以是你曾经心爱的毛绒玩具……让我们一起走进它们，揭开岁月的尘埃，重温时光的美好回忆	课时计划：设置采访问题，根据需求寻找访问对象进行采访，完成采访单
☆ 子任务3 学习文章《白鹭》，全方位描述老物件的外形特征	活动设计	任务内容
	郭沫若把白鹭看作一首精巧的诗，在他的笔下，白鹭的色素配合、身段大小、雪白蓑毛，以及铁色的长喙和青色的脚都是那么适宜，也正是这些令白鹭的美让人无法忘却。你所接触到的那些老物件，是否也如白鹭般美丽，是否也令你难以忘怀，试着选择多个角度为我们呈现出来吧	课时计划1：运用想象，说说作者所描写的画面。借助关键语句，体会作者对白鹭的赞美之情，了解作者是如何把这种情感融入对白鹭的描写中的
		课时计划2：运用所学知识，描述老物件的外形特征
☆ 子任务4 学习《落花生》，解读物件背后的故事，形成解读词	活动设计	任务内容
	《落花生》通过谈论花生果实埋在地里从不招摇、默默无闻的特点，揭示了花生不图虚名、默默奉献的品格。表达了作者不为名利，只求有益于社会的人生理想和价值观。你所见到的那些物件，其斑驳的印记，向我们诉说着尘封已久的故事。让我们踏着时光的足迹，一起触摸它们背后的温度	课时计划1：分角色朗读课文，了解课文的主要内容。理解含义深刻的语句，初步了解借助落花生说明做人的道理
		课时计划2：根据采访内容，解读物件背后的故事，形成解读词

(续)

	活动设计	任务内容
☆ 子任务5　学习《桂花雨》，为整本档案撰写导语	通过《桂花雨》我们能感觉到桂花的香气弥漫在字里行间，作者的思乡情也萦绕在心头，像桂花的香气一样浓郁。这份档案带我们穿过时光的隧道，透过一件件物品，感受到祖国的日新月异和繁荣强盛。请你为这份档案写一份导语，以清楚地表达它所承载的意义	课时计划1：有感情朗读课文，说出桂花给"我"带来的回忆。借助相关语句和资料，体会作者借桂花表达的感情
		课时计划2：为档案撰写导语

(贾增永供稿)

《维护国家利益》单元教学设计

基本情况

学科：道德与法治	年级：八年级	单元主题：维护国家利益

单元设计理念

　　《维护国家利益》位于人教版道德与法治教材八年级上册第四单元，在已完成的学习中，学生对成长中的我、我与他人以及我和社会的关系有了清楚的认识。本单元引导学生将认识进一步扩展到国家层面，从国家利益、国家安全与国家发展等方面形成对国家的深刻认识，进而为培养学生关心国家发展、投身国家建设的情感态度价值观奠定基础，也为八年级下及九年级的学习做好认知准备。因此，引导学生探索个人与国家的关系，完成"生活自我""社会中我"到"国家之我"的转变，是本单元的核心。

　　"维护国家利益"是一个宏大且有距离感的命题，容易产生说教意味。因此，创造真实情境和任务，使学生在解决真实世界复杂问题的过程中不断探索，从而变宏大为切实可感，变被动说教为主动探寻，是本单元学习的关键。

　　本单元《维护国家利益》运用大概念引领下的单元学习方式，立足核心素养落地，通过任务驱动，引导学生思考并解决复杂世界中的真实问题。这与《义务教育道德与法治课程标准（2022年版）》中"坚持教师价值引导和学生主体建构相统一"的内在要求是一致的。

　　单元学习下的真实来源于现实，也应该是学生能感受到的真实，来源于他们的真实困惑。经过学前调查，我们将2020年新冠肺炎疫情作为单元学习的背景，这是全体同学身在其中的和国家同呼吸、共命运的大事件，也是他们最刻骨铭心的与国家有关的记忆。为了引导学生在真情实感的基础上，获得理性认识的上升，我们以"班级合作完成'2020·中国抗疫启示录'文集"为核心任务，通过系列子任务引导学生认识抗疫中纷繁的社会现象，并尝试解决其中的问题，进而达到感性理性相统一，并以政治认同为重心，带动道德修养、法治观念、健全人格和责任意识等学科课程要培养的核心素养的落地。

　　在具体实施上，无论是以我和国家的关系为内核的任务内容，还是小组合作、班级合作为主的任务形式，都有利于推动感恩、领导力、批判性思维、创造力、交流、合作等核心素养的培养。

大概念

走向国家之我,是实现国家富强和个人全面发展的必然要求。

单元学习目标

- 通过案例分析国家利益—人民利益关系图绘制,能够列举国家利益的内涵和外延,举例说明国家核心利益;能够从具体事例中抽象概括出国家利益和人民利益的关系;
- 通过时事分析和书写"给孩子的回复",对于社会生活中不同人表现出的国家利益观念和行为,能够做出正确价值判断和选择;能够在日常行动和行为选择上表现出维护国家利益的责任感和使命感,知道如何采取维护国家利益的行动;能够在处理国家利益和个人利益之间的矛盾时持有正确的立场,并采取适当的方法处理冲突;
- 通过观看"国家安全新闻发布会",能够阐述国家总体安全观形成的背景、基本内涵和基本内容;可以从不同角度举例论证国家安全的重要性,知道维护国家安全的实际做法,能够在具体情形中采取相应行动;
- 通过关注"抗疫中的劳动者",可以运用辩证思维,举例说明我国取得的巨大进步以及发展中的问题;能够举例论证劳动的价值,在日常生活中可以采取尊重劳动者、发扬实干精神的具体行动。

核心问题

我和国家的关系是怎样的?

核心任务

2020年,新冠肺炎疫情暴发,继而波及全国,中华民族面临严峻考验。

在党中央的坚强领导下,中国人民打响了疫情防控的总体战。经过艰苦卓绝的努力,疫情防控取得重大战略成果,统筹推进疫情防控和经济社会发展工作取得积极成效。

在这段刻骨铭心的岁月里,我们与祖国同呼吸、共命运。这些启发值得被铭记,也应该被身为国家一分子的你我共同书写。让我们通过本单元的学习,回首和剖析这段历程,共同完成"2020·中国抗疫启示录"。

"2020·中国抗疫启示录"任务指南

步骤1：每位同学围绕"中国抗疫启示"主题，书写一篇文章。具体要求如下：

是什么——文章要基于抗疫期间的事实，包括数据资料、新闻时事、个人经历等，建议选择1~2个即可，以便于做深入分析；

为什么——需要包含对事实的分析，即为什么会这样？寻找原因注意从不同角度思考；

怎么样——从中我们可以得到的启发是什么？可以从多角度、多层面展开（如个人、社会、国家等不同层面）。

当然，以上只是这篇文章的基本要求，你还可以通过历史比较、中外对比等，让分析更加丰富、立体和深入。

步骤2：班级各位同学的文章汇总形成文集

班级同学分工为封面设计组、美编组、排版组、序言结语书写组等，对本班文集进行内容编排和装帧设计，形成本班文集。

步骤3：展览、交流和评选

各班文集完成后，将在学科教室和年级走廊进行展出。同时会由七、八、九年级师生等组成的评审团进行打分，优胜者将获得惊喜奖励。

核心任务评价量表		
维度	解读	自我查验
文章书写部分		
内容翔实	☆覆盖"是什么""为什么""怎么样"分析要素 ☆能够选取事实材料（新闻材料、史实、身边见闻）支持个人的观点和分析	☆☆☆☆☆
专业视角	☆能够运用学科专业视角和知识进行分析，如果能够进行历史比较，中外比较更佳 ☆分析角度多元且深入，逻辑通顺	☆☆☆☆☆
文字表达	☆文字简洁，能够准确使用专业术语 ☆长度适宜，以1~2页纸为宜，至少20行 ☆字迹工整，较少涂改痕迹，能带给人一定的审美享受	☆☆☆☆☆
文集编排部分		
排布思路	☆整体排布要呈现一定的逻辑，体现问题意识 ☆目录清晰准确 ☆前言和结语能够帮助受众把握全局内容，富有吸引力	☆☆☆☆☆
呈现形式	☆封面设计和内页装帧能够吸引人阅读 ☆体现独特的创意和审美	☆☆☆☆☆
合作参与	☆能够加入封面设计组、美编组、排版组、序言结语书写组任一组别的工作，为班级文集的编排贡献力量 ☆小组内进行合理分工，人人有事做，人人能贡献	☆☆☆☆☆

	子任务	
	活动设计	任务内容
☆ 子任务1 爱中国的N个理由	本任务聚焦为什么要维护国家利益，学生通过对学前问卷的数据分析以及绘制抗疫下国家—人民关系图，并完善对"爱中国的理由"问题的答案，制作"爱中国的N个理由"海报	结合疫情期间真实生活情境，小组合作绘制抗疫下国家—人民关系图，在朴素的爱国情感上，形成对国家利益的理性认知
	活动设计	任务内容
☆ 子任务2 今天，我们如何爱国	本任务聚焦维护国家利益的行动原则，学生通过"辨爱国"和"给孩子的回复"，学会看待不同人表现出的国家利益观念和行为，形成在复杂的社会生活中做出正确价值判断和选择的能力，并正确认识和处理国家利益和个人利益的关系	活动1"辨爱国"中，学生需阅读情境素材，进行班级讨论，对疫情期间打出横幅庆祝别国疫情的行为做出正确评价 活动2"给孩子的回复"，学生需小组合作，替在抗疫前线无法归家陪伴女儿的父亲回复微信
	活动设计	任务内容
☆ 子任务3 1930 VS. 2020·国家安全小小新闻发布会	本任务聚焦维护国家利益的重要方面——国家安全。通过引入历史比较的视角，引导学生搜集历史及时事素材，主动进行问题探究	课时计划1：由教师示范发布1930年和2020年的国家安全相关新闻，在历史比较下引导学生树立国家安全观 课时计划2：由学生进行史实、时事的收集和发布，在更广阔的时空领域中理解为何和如何维护国家安全
	活动设计	任务内容
☆ 子任务4 抗疫中的劳动者群像	本任务聚焦如何承担国家发展中的责任。选择了抗疫中的劳动者作为切入角度，让学生从人物事迹中得到启发	课时计划1：由学生分享抗疫中各行各业劳动者的事迹，感受祖国发展成就的同时理解劳动的价值，发扬实干精神 课时计划2：探讨"如何更好地对待劳动者"，能够在认识祖国伟大成就的同时，用发展的眼光看待面临的问题，增强对国家发展的责任感

（张丽君、陈亚晓供稿）

后　记

像专家一样思考的教师

2020年12月的一天，接到中国未来学校实验室王素主任的电话，邀请我写一本关于"大概念教学"的书，作为"未来学校创新计划丛书"的一部分。彼时，我们已经在"大概念引领的单元教学"的课堂变革道路上探索了两年有余。老实说，这条探索之路并不容易，充满了坎坷和艰辛。

这场实践最大的受益者无疑是孩子们，他们在获得知识的同时，也沉淀了研究这个学科的基本方法和态度，埋下了"智慧的种子"。我们相信，这些"种子"一定会在他们今后人生的某个时期萌发，并迸发出支撑他们一生幸福生活的力量。

同时，参与其中的每位教师也是这场变革的受益者。从研究学科知识到探寻学科本质，从关注解题技能到关注核心素养……每个人的教学观、学科观和学生观都发生了深刻的变化——大家开始像专家一样认识学科，看待教育！

这本书并非一蹴而就，中间经过了多次修改，几易其稿，团队的每位伙伴都付出了巨大的努力，在日常繁重的教学工作之余，查阅文献、搜集整理案例、组织文字并不断修改、长时间地细致研讨以确保全书的严谨与逻辑，最终高质量完成了写作任务。当然，我们每个人也由此获得了新的成长。

现在看来，书中每一章都已很难说清是由谁完成，因为这是一个反复讨论和智慧众筹的过程，只能将主要执笔人列举如下：

第一章　何谓大概念（李聪　章巍）

第二章　何来大概念教学（范冬晶　章巍）

第三章　为何是大概念（王星懿　章巍）

第四章　怎样提炼大概念（于海宁　章巍）

第五章　如何实施大概念教学（范冬晶　李聪）

附录一　单元设计训练（章巍）

此外，还要感谢学校初中数学、小学语文和初中道德与法治学科的团队贡献了宝贵的实践案例（附录二）。当然，在书中也援引了很多学科的设计，再次一并致谢！可以说，没有学校所有老师的共同思考与实践，就没有这本书的问世。更应该感谢刘艳萍校长，没有她的高位引领和不懈支持，这场艰辛的课堂变革探索就不会有今天这样丰硕的成果。最后，还要感谢机械工业出版社的编辑同志为本书提出了许多宝贵的意见和建议，正是他们细致而缜密的工作，使该书增色不少。

探索还在继续，挑战如影随形！我们深知，在回归学习本质的路途上不存在一劳永逸，只有在不断袭来的不适感中"冲浪"，才是新常态。前方的路还有很长，核心素养落地的路径也不仅于此，未来还会遇到更多不可预知的挑战，但我们会一直积极乐观地向前走。